上帝的 猜想

主编◎王子安

121位

科学家的
生命素描

（第6卷）

汕头大学出版社

图书在版编目（ＣＩＰ）数据

　　上帝的猜想：121位科学家的生命素描. 第6卷 ／ 王子安
主编. -- 汕头 : 汕头大学出版社，2012.5（2024.1重印）
　　ISBN 978-7-5658-0739-8

　　Ⅰ．①上… Ⅱ．①王… Ⅲ．①科学家－生平事迹－世
界－青年读物②科学家－生平事迹－世界－少年读物
Ⅳ．①K816.1-49

　　中国版本图书馆CIP数据核字(2012)第081220号

上帝的猜想：121位科学家的生命素描. 第6卷
SHANGDI DE CAIXIANG : 121WEI KEXUEJIA DE SHENGMING SUMIAO. DI6JUAN

主　　编：王子安
责任编辑：胡开祥
责任技编：黄东生
封面设计：君阅书装
出版发行：汕头大学出版社
　　　　　广东省汕头市汕头大学内　邮编：515063
电　　话：0754-82904613
印　　刷：河北浩润印刷有限公司
开　　本：710 mm×1000 mm　1/16
印　　张：12
字　　数：80千字
版　　次：2012年5月第1版
印　　次：2024年1月第2次印刷
定　　价：55.00元
ISBN 978-7-5658-0739-8

前　言

自古以来，中华民族即具有以"圣人立言、家祖立训"的方式来育子、治家的传统。我们的祖先通过编写包含历代圣哲贤人的经典话语与为人处世的故事，家族祖辈的家法家规与训子语录，从而在"父教子、子教孙"的世代教授、相予中，而着力培养子孙后代的德行品质，在"成事先成人、立业先立德"的道德标榜中，塑造着家族的精神与形象。在中国古代，诸如《大学》、《论语》、《四书》、《五经》、《女儿经》、《弟子规》等等，无一例外的都是一种个人道德修养的必修读物。古人期望通过这些华夏民族经典古籍中所记录的有关圣贤们的言行故事，而从中悟出做人的道理，进而使家族的精神、道德得以世代继承，而保持家族的荣光，或永恒昌富，或由贫而贵。在古代，家如此，国亦如此，无论是公立私塾还是皇家太学，对于古代贤者精英的言行道德学习与模仿，始终是王朝教育的一项重要内容。

历史发展到今日中国，我们的民族已经进入"崇尚发展个人的价值，崇尚民族的整体精神，复兴中华民族悠久历史文化"的时期，一股股国学浪潮正在蓬勃发展。崇文诵典，重新重视"圣人言""圣人书"，已逐步得到推广与民众的认可。尤其是对于今日那些身处大众媒体高度发达、信息资源极端丰富背景下的中国青少年来说，他们一方面由于信息的灵便而可以享受到资讯时代的便捷，另一方面也不可避免地会遭遇到成长时的迷茫。对于青少年成长中的"成长迷茫"，是可以通过讲述古人的人生故事、才智故事与人生态度，而给予他们以有益的帮助的，因为"榜样的力量是无穷的"。

《上帝的猜想——121位科学家的生命素描》共分六卷，按照"生平简介、童年岁月、教育历程、人生故事、婚姻爱情、人生理念"的结构,详细介绍了 121 位古今中外著名科学家的点点滴滴。书中精心选取了古今中外 121 位著名的科学家,通过讲述他们的人生历程、人生故事、人生语录与人生理念,给予青少年以人生成长的启示与为人处世的道理。具有很强的知识性、可读性、趣味性,是读者必选的课外读物之一。

当然,在具体到某些个别人物时,由于资料的缺陷而造成编写时并未严格按照"生平简介、童年岁月、教育历程、人生故事、婚姻爱情、人生理念"的结构去编写,一些人物在文献中的资料缺乏,可能造成讲述该人物时,会显得资料单薄。另外,由于编者水平与时间的有限、仓促,使得此书难免会存在一些不足之处,敬请广大青少年读者予以见谅,并给予批评。希望此书能够成为广大青少年读者成长的良师益友,并使青少年读者的思想得到一定程度上的升华。

2012 年 5 月

目 录

◎ 斯蒂芬逊

斯蒂芬逊（1781—1848 年），英国铁路机车的主要发明家。1781 年 6 月 9 日诞生于诺森伯兰城一煤矿工人家庭，没有受过正规学校教育。七八岁就要帮忙干活，十多岁当锅炉工。但他对机器感兴趣，喜欢琢磨一切机器是怎么组装和运转的。十七八岁时，在强烈的求知欲驱使下，斯蒂芬逊进了一家夜校。他的同学都是一年级小学生。他就在这群小学生中学会了写自己的名字，学会了机械制图，最后制成了第一列火车。

斯蒂芬逊

斯蒂芬逊生活的年代，工业现代化蓬蓬勃勃，瓦特的蒸汽机提供了比人力和牛马更强大的动力。后来居纽制造了第一辆蒸汽三轮车，就是后来汽车的雏形。英国的特莱维茨克解决了轨道、汽缸、锅炉散

热等问题，研制成一辆在轨道上行驶的单汽缸蒸汽机，能牵引 5 辆车厢，以 4 公里的时速行驶。但最终因实验失败而放弃。

斯蒂芬逊 1814 年研制成功第一辆蒸汽机车，能以每小时 4 英里的速度牵引 8 辆装有 30 吨煤的货车。但他并不满足，继续研究提高机车功率的方法，采用了蒸汽鼓风法使蒸汽机车进入实用阶段。他对路轨和机车进行改进，用熟铁制成铁轨，枕木下铺小石子，机车使用火管锅炉。1825 年 9 月 27 日，当第一列列车运载 450 名旅客，以每小时 24 公里的速度从达灵顿驶到斯托克顿，铁路运输事业就此诞生。

英国"火车之父"

斯蒂芬逊出生于一个英国工人的家庭。父亲是煤矿工人，没有读过书，也不认识字。全家 8 口，6 个孩子，全靠他一个人养活，生活十分困难。小时候，斯蒂芬逊没有上学，8 岁时就当牧童，光着脚，给人家放牛，每天只挣 8 分钱。10 岁时，斯蒂芬逊开始参加工作，在煤矿上做剔渣工，就是将石块和杂物从煤中剔出去。直到 14 岁，斯蒂芬逊才以成人资格跟随父亲干活。当时的煤矿已经使用蒸汽机带动的水泵，斯蒂芬逊的工作就是为这些水泵加油、擦拭机器。他经常接触这个新奇的东西，时间长了，对它发生了兴趣，一有空闲，就用泥土来制作水泵模型，或者把机器拆了又装，装了又拆，了解它的构造和性能。他在17岁时，学到的东西，已比他父亲学了一辈子的还多。这时他的工作能力已超过了父亲，开始主管水泵，他父亲给他当助手。

有一次，一个青年机械师到矿上实习，看到斯蒂芬逊对机器非常有兴趣，于是便对他说："关于机器的一切知识，书本上都有记载，你可以读些书啊！""对呀！我要是认识字多好啊！就用不着把机器一件件拆开去研究了。"斯蒂芬逊暗自思索着。于是，他决定利用工余时间学习，白天要干活，只能每星期花三个晚上时间到附近一个夜校读书。

为了贴补家用，斯蒂芬逊还得挤出时间给人家刷补皮鞋，修理钟表，这时他已经18岁了，和七八岁的孩子们坐在一起上课，从字母学起，一有时间他就在一块石板上反复练习写字。由于他学习刻苦，进步很快，到他21岁那年，已经掌握了读书的基本技能，能够阅读各种科学书籍。为了探求蒸汽机的奥妙，他步行1500公里到瓦特的故乡去工作了一年多，不仅熟悉了各种机器的使用情况，而且提高了修理机器的技能。

一天，煤矿里的一台机器突然坏了，机械师们修理了很长时间也没修好，急得满头大汗。一个工人跑来对斯蒂芬逊说："矿上的机器坏了，大家都在想办法，经理先生很着急。你去看看吧！"斯蒂芬逊走过去看了看，对经理说："经理先生，我来试试怎么样？"那些机械师本来看不起他，但因等着用，经理就同意了。斯蒂芬逊摆弄过各种机器，熟悉这种机器构造。他不慌不忙地把它拆开，然后清洗，调整好出毛病的地方，按照原样装配起来。一发动，"轰隆、轰隆"，机器开动起来。这些机械师不得不表示钦佩。从此，斯蒂芬逊出了名。功

夫不负有心人，通过长期刻苦自学，斯蒂芬逊终于成为一名既有高超技能、又有一定理论水平的工程师。

发明蒸汽机车

斯蒂芬逊从小爱动脑筋，经常思考问题。他曾经制造了一个用发条开动的机器稻草人，飞来飞去驱赶各种野鸟。还设计了一种用烟囱排出的烟来带动的摇篮，还为矿工设计了一种能防止瓦斯爆炸的安全灯。可他并不因此而满足，总想做一番大事业。那时候，英国已有行车的轨道，形状和现在的铁路差不多，但不是火车用的轨道，而是用马来拉煤车用的，是马车"铁路"。

蒸汽机在煤矿使用后，大大提高了煤炭的产量，马车已不能适应煤炭运输的需要。当时也有人研究铁路和火车，不过都没有成功。斯蒂芬逊决心制造一种大大超过马车的火车。他说干就干，收集资料，制定设计方案，经过日日夜夜的苦心钻研，克服了种种困难，终于在1814年7月25日制造出他的第一台蒸汽机车。这台机车可以载重30吨，牵拉8节货车，时速每小时七八公里。试车的那一天，热闹极了，许多人从四面八方赶来观看。机车开动后，由于震动强烈，震塌了路基，而且走得很慢，引起了一些议论，有人讥讽说："怎么还不如马车跑得快？""放气声音尖得可怕，把附近的牛惊得乱跳乱跑，车头冒的火吓人，把树都快烧焦了。"

斯蒂芬逊没有灰心。他进一步钻研，决心改进机车性能。为了减少震动，他用熟铁代替了生铁造铁轨，枕木下铺上石块，机车上安装上弹簧。为了从理论上解决问题，他还和同伴们反复探讨轨道阻力和火车重量的关系，找到了合适的比例。1825年9月27日，斯蒂芬逊制造的机车又一次试车了。这次，他把汽缸排出的废气引进烟筒，并加强了通风和燃烧程度。这样，再也听不到尖叫声了，车速也提高了。

那一天，斯蒂芬逊亲自驾驶带着34节小车厢的机车，进行试车运行。车上有450名乘客，还有各种货物。火车开动后，平稳地在铁道上向前驶去。铁路两旁，许多人都跟着火车跑，一边跑一边欢呼，还有人骑着马一直跟着火车。这一次，火车时速达到了24公里。火车试验成功了。从此，铁路运输出现在英国，也陆续出现在世界各地。人类的又一项伟大发明，由斯蒂芬逊这位普通工人完成了。

斯蒂芬逊成名后，钱多了，地位也有了，经常与一些有权有势的人打交道，但他依然还是像先前那样，穿着工作服，生活非常简朴，对人诚恳，说话直爽。他从来不以自己出身低微为耻，而以自己是一名工人而不是一个"懒人"而自豪。

◎ 孟德尔

孟德尔（1822—1884 年），著名生物学家，现代遗传学之父，遗传学的奠基人。1822 年 7 月 22 日，孟德尔出生在奥地利西里西亚一个贫寒农民家庭，父亲和母亲都是园艺家。由于童年时受到园艺学和农学知识的熏陶，孟德尔对植物非常感兴趣。1840 年，孟德尔考入奥尔米茨大学哲学院，主攻古典哲学。1856 年，从维也纳大学回到布鲁恩不久，孟德尔就开始了长达 8 年的豌豆实验，发现了生物遗传的基本规律。

孟德尔

1900 年，是遗传学史乃至生物科学史上划时代的一年。从此，遗传学进入了孟德尔时代。通过摩尔根、艾弗里、赫尔希和沃森等数代科学家的研究，已经使生物遗传机制建立在遗传物质 DNA 的基础之上，并开始向控制遗传机制、防治遗传疾病、合成生命等方面发展。人们分别称他的发现为"孟德尔第一定律"和"孟德尔第二定律"，它们揭示了生物遗传奥秘的基本规律。

孟德尔遗传定律主要包括显形定律（即具有不同性状的两个个体相杂交时，其杂种第一代的表现型都是显型性状）、分离定律（即杂种第一代自花授粉时，其杂种第二代的显型性状和隐型性状的表现比例为3比1）、独立定律（即两对以上相对性状同时遗传时，各对相对性状与其他性状无关，各自独立地按照分离定律遗传）。

现代遗传学之父

种瓜得瓜，种豆得豆。为什么动物、植物能一代代生生不息繁衍下去？为什么子女长得像父母？现在人们已经搞清了，这一切全是由于细胞内染色体上的小基因所决定的。基因是怎样被发现的呢？遗传的奥秘是怎样被揭开的？事情还要从100多年以前奥地利一个偏僻城市修道院的神父的豌豆实验说起。

1900年，在欧洲的三个不同国家里有三位科学家——荷兰植物学家德弗利斯、德国植物学家科伦斯、奥地利植物学家切尔马克，在总结了他们各自所做的杂交实验后，几乎是同时发现了植物杂交的规律。更巧的是，当他们准备发表自己的论文，去查阅以前的文献资料

时，又不约而同地发现，他们的实验结果，与35年前一个叫格里戈尔·约翰·孟德尔的奥地利生物学家的实验结果相同。他们三个人在发表论文时，又做出了同样的选择，把发现的荣誉归于孟德尔，称自己的工作是证实了孟德尔发现的植物杂交的遗传规律。这件事轰动了科坛。从此，这个被埋没了35年的重大发现才引起了人们的重视。

1822年，孟德尔生于奥地利一个贫苦农民的家庭。从小聪明好学，功课优秀，而且特别爱好园艺。可是由于家庭贫困，交不起学费，他不得不中途辍学，16岁就开始自谋生路。后来，他进入了布尔诺修道院，成为一名神父。1850年，在朋友的资助下，他终于有机会进入著名的维也纳大学深造。从小爱好园艺学的孟德尔，仍然是对植物学最感兴趣，并且参加了维也纳植物学会。回到布尔诺后，他在一所中学任教，教植物学和数学，同时开始了他著名的豌豆杂交实验。

早在18世纪中叶，科学家们就开始进行植物的各种杂交实验，不过那时主要是围绕杂交能否产生新种来进行的。随着进化论的确立，这个问题解决了。但是杂种后代的性状为何有遗传又有变异？生物的遗传是否有规律可循？这些问题却无人知晓。孟德尔进行杂交实验，就是想探究其中的规律。

每一种生物有那样多的遗传性状，杂交后传给后代，这些性状的变化更是让人眼花缭乱，如何才能发现其中的规律呢？孟德尔总结了前人的经验和教训，那就是只有找到具有明显、易观察性状的生物做实验材料，才有可能获得成功。为此，他在修道院一块荒地上种了豌豆、菜豆、草莓等植物，还饲养了蜜蜂、小鼠等动物，经过反复比较，

他发现豌豆正是他要寻找的理想材料。孟德尔挑选了 22 个性状稳定的豌豆品种，让成对性状不同的豌豆杂交：如高茎与矮茎豌豆杂交，红花与白花豌豆杂交……从春到秋，年复一年，他穿梭在豌豆花丛中，精心地进行着各种杂交实验，仔细观察和记录杂种后代的特点。8 年中，他一共栽培了 5000 多株豌豆。

孟德尔不仅是一位出色的植物学家，而且擅长统计学方法。这两者的结合使他很快从独特的角度发现了前人所未能发现的规律。例如，他发现，当高茎豌豆与矮茎豌豆杂交时，所产生的后代全都是高茎的，而让这些后代相互交配培育出来的杂种第二代，高茎与矮茎的比例总是 3：1。其他性状的遗传也符合这一规律。根据这一实验结果，孟德尔提出植物的每一个性状都是由一对遗传因子控制的，其中一个来自父本，一个来自母本。当形成种细胞也即精子或卵子时，成双的遗传因子分离。当精卵结合，形成新的后代时，又从双亲那里获得控制这个性状的两个遗传因子，这就是分离定律。

孟德尔还提出遗传因子有显性遗传因子和隐性遗传因子。例如代表高茎的遗传因子是显性的，代表矮茎的遗传因子是隐性的，因此杂交产生的第一代后代，全都是高茎的。而它们相互交配生成的杂种第二代中，代表茎高矮的这对遗传因子有四种可能的结合方式：高茎与高茎、高茎与矮茎、矮茎与高茎、矮茎与矮茎，其中前三种结合方式表现出来的都是高茎，只有第四种情况才表现为矮茎，因此高茎与矮茎之比总是 3：1。孟德尔又进一步研究了两对或多对遗传性状在后代中出现的情况，发现各种遗传因子自由结合的机会均等，总结出了自

由组合定律。

1865 年 2 月 8 日，布尔诺自然科学研究会召开例会，身穿黑色修士长袍的孟德尔走上讲坛，报告了他发现的遗传规律。然后他只赢得了台下有礼貌的掌声，既没人反对，也没人赞同。看来他的理论超出了人们的接受水平。孟德尔的论文被登在布尔诺自然研究会会刊上，这个会刊与全世界 120 多个研究机构和高校有交换关系，于是，孟德尔的论文随之被送到了世界各地。不幸的是，它仍然没有遇到一个知音，而是被放在书架上，蒙上了一层厚厚的灰尘。

只有孟德尔坚信他的发现与进化论一样有巨大意义，他对他的一位朋友说："我的时代一定会到来。"这一天终于来到了，这就是我们一开始讲的那个故事。孟德尔的发现完全可以与他同时代的达尔文的进化论相媲美，他为现代遗传学奠定了第一块基石。

遗传因子在哪里

孟德尔的遗传定律重新被发现之后，人们自然而然提出了这样的问题：究竟有没有遗传因子这种物质？有的话，它存在于生物体的什么地方？是由什么组成的？细胞学的发展，使人们把遗传因子和染色体挂上了钩。就在孟德尔的那个时代，借助显微镜的帮助，生物学家们已经发现了细胞，还有细胞的分裂现象。

1879年，德国生物学家弗莱明发现，用苯胺染料可以把细胞核里一种物质染成深色，这种物质被称为染色质，后来人们给它起名为染色体。1882年，弗莱明观察到，当细胞分裂时，染色体聚集成丝状，分成数目相等的两半，并形成两个细胞核。假如当时孟德尔的研究成果能够出名的话，弗莱明及其继承者很可能会发现染色体与遗传因子有关。可惜当时孟德尔的发现没能引起人们的重视。直到20世纪初，孟德尔的定律重新被发现之后，人们才把染色体与遗传因子联系在一起。

那时，许多生物学家已经注意到，每种生物都有特定数目的染色体，在细胞分裂时，染色体能准确无误地自我复制，人们自然而然想到染色体很可能与遗传的奥秘有关。1902年，美国哥伦比亚大学著名细胞学家威尔逊的研究生萨顿发现，在显微镜底下看到的染色体的分离与组合行为，与孟德尔遗传定律中的分离组合行为有着惊人的一致。在体细胞中，染色体像遗传因子一样也都是成对存在的。而在精子、卵子中，染色体数目只有体细胞染色体数目的一半。精卵结合，形成受精卵后，染色体又恢复到原来的数目，每对染色体，一半来自父本，一半来自母本。萨顿因此大胆提出，遗传因子就在染色体上。由于染色体的对数远小于遗传特征的数目，因此他预料一个染色体上可以有好几个遗传因子。1909年，荷兰遗传学家提出用"基因"这个术语来代替遗传因子，基因这个词就被生物界沿用下来了。

摩尔根完成基因论

　　萨顿的假说一提出，立即遭到科学界绝大多数人的非议，因为它毕竟是推理，缺乏实验的根据，而当时生物学刚刚从以描述和推理的研究方法为主转入以精确实验为主的阶段。用实验证实染色体与基因关系的是美国生物学家摩尔根，而他一开始也是萨顿和孟德尔学说的怀疑者。

　　摩尔根的家世与孟德尔相反，他于1866年出生在美国肯塔基州一个名门望族的家庭，从小就受到良好的教育。1886年，摩尔根考入霍普金斯大学研究院当研究生。他的老师布鲁克斯是一位形态学家，但很有哲学头脑，经常给学生们讲述生物各分支学科的关系，指出遗传学等学科中还有许多尚待研究的问题，对摩尔根的启示很大。渐渐地，摩尔根对形态学的比较和描述的研究方法感到不满，更偏爱实验研究。1894年，摩尔根到意大利那不勒斯动物园工作了十多个月。这里汇聚了各种学术流派，摩尔根学到了许多有益的东西。回国后，他开始用实验方法代替了过去的比较、描述方法。

　　1908年，摩尔根开始进行果蝇实验。不过，他并不是为了研究遗传因子，而是对荷兰生物学家德弗里斯提出的突变论感兴趣。德弗里

斯证实了植物遗传性状的突变，但还没有研究动物遗传性状的突变。果蝇是一种苍蝇类的小昆虫，但比苍蝇小得多。如果注意观察的话，会发现夏天它们常常聚集在水果摊上觅食。人们发现，果蝇是进行遗传学研究的理想实验材料，它繁殖快，大约两周就可以生长一代。这样，人们在短时间内就可以观察到它许多世代的遗传情况，更重要的是果蝇只有 4 对染色体，便于观察研究。

　　摩尔根的"果蝇遗传实验室"设备很简单，几张旧桌子上摆着几千只培育果蝇的瓶子。有一次，摩尔根偶然发现，在一个培养瓶中出现了一只白眼雄性果蝇，而普通的果蝇都是红眼睛的。这引起了他的好奇心。摩尔根让白眼雄蝇与红眼雌蝇交配，结果生出来的全都是红眼睛的果蝇。他又让这些红眼果蝇相互交配，生出的后代中，又出现了白眼果蝇，而且红眼蝇与白眼蝇的比例总是 3∶1，完全符合孟德尔的遗传定律。

　　事实使摩尔根不得不对孟德尔的学说刮目相看，他从一个对孟德尔学说持怀疑态度的人，变成了一个热衷于孟德尔学说的人。在果蝇实验中，摩尔根还发现了一个令人奇怪的现象，那就是几乎所有的白眼果蝇都是雄性的，也即白眼的遗传特征总是伴随着雄性个体遗传，这究竟是什么原因呢？摩尔根抓住这一现象穷追不舍，终于用基因和染色体遗传学说成功地解释了伴性遗传现象。

　　原来，果蝇的 4 对染色体中，有一对是决定雌雄性别的性染色体，雌果蝇的两条性染色体形态一样，叫 XX 染色体，雄果蝇的两条性染色体形态不一样，一大一小，叫 XY 染色体。白眼基因就载在 X 染色

体上，Y 染色体上没有它的等位基因。当雌雄果蝇交配时，红眼基因与白眼基因组合在一起时，总是表现为红眼，因为红眼基因是显性基因。在子二代中，只有当载有白眼基因的 X 染色体与 Y 染色体结合时，由于 Y 染色体没有它的等位基因，才会表现出白眼来，而 X 和 Y 染色体结合，出来的都是雄果蝇。

摩尔根和他的学生还发现，还有一些遗传性状也像这样总是在一起遗传，他们把这种现象叫做基因连锁。而基因连锁群的数目，恰恰与染色体的数目相同。如果蝇有 4 对染色体，它的基因连锁群正好有 4 个。这就表明，这些基因位于同一条染色体上，就像坐在同一辆车上的旅客总是一起旅行一样，几个基因位于同一染色体上时，它们决定的性状总是一起遗传，只有位于不同染色体上的基因才可以自由结合，这就是摩尔根发现的基因连锁定律。

摩尔根是一位具有民主作风的科学家。他招收了几个热情、有才华的大学生到他的实验室工作，果蝇室充满了民主的学术空气，从而使新思想、新成果不断出现。摩尔根的学生斯特蒂文特发现，基因连锁群并不是铁板一块，有时也会被打乱，这是因为精卵结合时，染色体可能会发生断裂和部分交换，两个基因在染色体上的距离越远，交换的频率也就越大。这就是遗传学的交换定律。根据遗传特性的相互关系和不同基因的交换率，可以推断出各种基因在染色体上的排列位置。据此，他们成功地绘出了果蝇的基因排列图。这也是世界上第一张基因在染色体上的排列图。1915 年，摩尔根和他的学生出版了《孟德尔遗传的原理》，1919 年出版了《遗传的物质基础》，1926 年出版了《基因论》。由于摩尔根首次用实验揭示了基因与染色体的关系，建立了比较系统的染色体和基因理论，大大丰富和发展了孟德尔开创的现代遗传学，他于 1933 年获得诺贝尔生理学（医学）奖。

基因是什么

摩尔根虽然证明了染色体是基因的载体，然而染色体究竟是由什么物质组成的？基因的化学构成是什么？基因何以能传递遗传信息？仍然是一个谜。正像物理学家和化学家们假设了看不见的原子和电子一样，生物学家们也假设了看不见的基因。随着科学技术的发展，物理学家和化学家找到了原子、电子，生物学家经过前赴后继的努力，也找到了基因的实体，那就是脱氧核糖核酸。

核酸是怎样发现的呢？1869 年，瑞士化学家米歇尔从脓细胞中分离出一种含有氮和磷的物质，这种物质的性质完全不同于蛋白质。由于细胞核主要是由这种物质组成的，因此，他称之为核素。后来，人们发现这种物质是一种强酸，就改称为核酸。

德国生化学家科塞尔第一个系统地研究了核酸的分子结构，发现了核酸中有四种不同的碱基，还有磷酸与戊糖。他的学生列文和琼斯又进一步发现，戊糖有脱氧核糖和核糖两种，两者在结构上仅差一个

氧原子，据此，将核酸分为两大类：脱氧核糖核酸和核糖核酸，即DNA 和 RNA。虽然人们发现细胞核主要是由核酸组成的，但是，当时人们都误认为核酸是由四种核苷酸组成的单调均匀的大分子，因此，许多生物学家不相信核酸会是千变万化的基因的载体，而把目光投向了细胞中的另一种物质——蛋白质。

蛋白质的发现比核酸还要早 30 年。由于蛋白质像鸡蛋清一样一加热就会凝固，因此人们给它起名为蛋白质。蛋白质是由氨基酸组成的。20 世纪以来，人们发现的蛋白质的种类越来越多，功能也越来越广泛，起免疫作用的球蛋白，具有形形色色的生理作用的激素等都是蛋白质。因此，许多科学家猜想它很可能是遗传信息的载体，以致核酸反而遭到冷落。

那么，人们是怎样发现 DNA 是遗传物质的呢？是细菌的转化实验为人们提供了证据。1928 年，英国细菌学家格里菲斯用肺炎双球菌对小鼠做感染实验。肺炎双球菌有两种，一种是有毒型，可以使动物患肺炎死亡，它的细胞外边有外膜；另一种是无毒型，不会引起动物患病，它的细胞外边没有外膜。

格里菲斯把有毒的肺炎双球菌加热杀死后，注射到小鼠体内，小鼠不再患病。可是当他把加热杀死后的有毒菌和活的无毒菌混合后注射到小鼠体内时，这些小鼠全都患病死亡了，而且在小鼠体内发现了活的有毒菌。实验的结果简直让人不可思议，有毒的肺炎双球菌是从哪里来的呢？难道它们会死而复生？格里菲斯提出，死去的有毒菌中有一种转化因子，它们可以使无毒菌转化为有毒菌。

美国洛克菲勒研究所的细菌学家艾弗里敏锐地意识到格里菲斯工作的重要性。他和他的两个同事立即着手捕捉神秘的转化因子。他们把有毒的肺炎双球菌加热杀死，从其中提出蛋白质片段，放人无毒菌的培养液中，结果不起任何作用；相反，当把其中的蛋白质、糖类都除去后，剩余的物质仍有转化作用，这个剩余物质经过纯化后证明，它们就是DNA。DNA不仅可以使无毒菌转化成有毒菌，而且转化生成的有毒菌还可以一代代复制下去。这就表明，DNA是遗传信息的携带者，基因就在DNA上。

　　基因的奥秘最终被揭开，是物理学家、化学家、生物学家协同攻关的结果。20世纪30年代，物理学正经历着一场革命——量子力学创立了。作为量子力学的旗手，著名的物理学家尼尔斯·玻尔把世界上一大批杰出的学者吸引到了丹麦的哥本哈根，他们不仅讨论物理问题，有时也涉及生物学问题，试图用刚问世的量子力学来解释基因突变等问题。

　　1932年，在哥本哈根举行的国际光疗会议上，玻尔做了《光和生命》的著名演讲。他有关物理学规律与生物学规律互补的哲学思想深深打动了一位年轻的物理学家，他就是德尔布吕克。德尔布吕克1906年出生于德国柏林，大学时攻读的是原子物理学，曾担任过著名物理学家迈特纳的助手，并在玻尔实验室工作过。他被神秘的基因所吸引，深感这是解开生命奥秘的一把钥匙。因此，他决定放弃原子物理学研究，转向生物学研究。

　　1937年，德尔布吕克来到美国加利福尼亚工学院摩尔根的研究基

地果蝇实验室，从事遗传学核心问题——基因复制的研究。那时一些生物学家已开始用大肠杆菌、噬菌体代替果蝇进行遗传学研究。这立即引起了他的重视。噬菌体是一种病毒，比细菌小得多，它能够侵入细菌，在20分钟内就繁殖出数百个后代，致细菌于死地，因此人们叫它噬菌体。噬菌体的结构非常简单，只有一个蛋白质外壳，里边包着DNA，可以说是一个包着蛋白质外壳的自由基因组，因此是研究基因和遗传信息传递的最好材料。

德尔布吕克与从意大利来到美国的生物学家卢里亚、美国生物学家赫尔希建立了闻名世界的噬菌体研究小组。他们每年夏天都要在纽约附近的冷泉港举办"噬菌体"暑期讲习班，团结和培养了一批年轻有为的科学家，被人们称为遗传信息学派。他们应用噬菌体技术，进行了许多出色的工作，其中最重要的工作之一，就是确凿无疑地证明了DNA是基因的化学实体。

实验是由赫尔希和他的学生蔡斯做的。他们巧妙地应用同位素标记技术，使噬菌体内的DNA标记上放射性同位素磷，使噬菌体的蛋白质膜标记上放射性同位素硫，然后观察放射性磷和放射性硫的行踪，这样也就可以知道DNA和蛋白质的行踪了。他们让标记过的噬菌体去感染大肠杆菌，结果发现，噬菌体在进入大肠杆菌时，先来了个金蝉脱壳，把蛋白质外壳留在了大肠杆菌的外边，只有DNA分子进入大肠杆菌，而正是这个DNA分子，在大肠杆菌中繁殖出许多新的噬菌体。这就清楚地表明了，噬菌体的遗传物质是在DNA上，它不仅包括了DNA自我复制的信息，而且还包括指导外壳蛋白合成的信息。

这个实验一公布，立即得到了人们的公认。一旦认定了 DNA 的作用，一场全力以赴搞清 DNA 的结构、揭示遗传之谜的竞赛就在世界上许多个实验室中激烈地开展起来了。德尔布吕克、卢里亚、赫尔希因从事噬菌体研究，对创立分子生物学作出的贡献，1969 年共获诺贝尔生理学（医学）奖。

DNA 的结构形式

既然 DNA 是遗传的关键物质，那么它一定有复杂的结构，以一定方式携带各种遗传密码，并使它们能一代代传递下去。怎样才能知道 DNA 的分子结构呢？用光学显微镜可以看到细胞以及细胞中的染色体。可是要观察分子结构，光学显微镜就无能为力了。科学家们搬来了新武器，那就是 X 射线衍射技术。

X 射线衍射技术是 1912 年由英国物理学家布拉格父子开创的。X 射线的波长很短，和晶体内原子（或分子）间的距离相近。因此，当一束 X 光通过晶体时就会发生衍射，射线的强度在某些方向上加强，某些方向上减弱。分析这种衍射图样，就可以确定晶体内部原子间的排列和距离。小布拉格的学生阿斯特伯里首先用 X 射线衍射法来测定核酸和蛋白质的结构。尽管他们拍出的照片质量不高，但是已经可以

看出，核酸和蛋白质都是折叠的卷曲的长纤维。

20世纪50年代初，随着对DNA作用认识的深入，更多的科学家投入了对核酸结构的研究。其中有三个著名的小组，一个是英国皇家学院的晶体衍射专家维尔金斯和年轻的女科学家弗兰克林。他们制成了高度定向DNA纤维，拍摄到了非常清晰的DNAX射线衍射照片。正是这张照片为DNA双螺旋结构的发现提供了极其重要的依据。另一个是美国加州工学院著名的结构化学家鲍林。在此之前，他已经建立了蛋白质以肽链为骨架的α螺旋结构，他对DNA结构提出了三链模型。

而最后捷足先登、发现DNA双螺旋结构的是在英国卡文迪许实验室工作的美国年轻生物学家沃森和英国物理学家克里克。沃森，1928年出生于美国芝加哥，大学时在美国芝加哥大学学习动物学，后获博士学位。还在学生时代，他就被薛定谔的《生命是什么》一书迷住了，这本书决定了他一生的道路，那就是揭开生命之谜。在卡文迪许，沃森遇到了英国伦敦大学毕业的物理学家克里克。克里克比沃森年长12岁，他也是被薛定谔的《生命是什么》一书打动，转向生物学研究的。他曾和著名的结构派佩鲁茨等人一起从事过血红蛋白的X射线结晶学研究，在研究X射线衍射照片方面有很高的造诣。

沃森与克里克一见如故，他们发现彼此都对基因分子感兴趣。一个生物学家，一个物理学家；一个遗传信息学派，一个结构学派，组成了理想的搭档，开始了揭开基因奥秘这一秘密。DNA双螺旋结构的发现被认为是20世纪最伟大的发现之一。它使人们对千百年来迷惑不解的遗传之谜有了本质的了解，解释了生命为什么能一代又一代自我复制。

按照沃森和克里克的双螺旋模型，DNA 分子好比一个螺旋状的梯子，两股由糖和磷酸组成的长链是梯子的两侧，一对对连接的碱基好比是阶梯。碱基按互补原理配对，A 基与 T 基连接，G 基与 C 基连接。当细胞繁殖时，DNA 的梯子从中间裂开，犹如拉链被从中间拉开一般。以分开的每一个单螺旋为模子，按照碱基互补配对的原则，合成出它们缺少的另一股单螺旋，于是一新一旧两股螺旋形成了和他们的亲代一模一样的复制品，遗传信息也就随之转移到新的 DNA 分子中，一代代传下去。

这种双螺旋结构还可以说明 DNA 分子是怎样携带大量遗传信息的。DNA 分子是由四种不同碱基的核酸组成的，四个碱基 A、T、G、C 就好像 4 个字码一样，把它们进行多种排列组合，就可以构成不同的遗传密码。就在 DNA 双螺旋问世不久，遗传密码也被破译了。每三个碱基组成一个密码，这样一共有 64 个密码子，其中 61 个密码子与组成蛋白质的 20 种氨基酸相关，其余 3 个密码子则在制造某种氨基酸中起启动、停止等"标点符号"的作用。

DNA 双螺旋结构的发现，还使人们对种种生命现象有了更深刻的认识。各种先天性遗传病，就是由于基因的异常引起的，而癌症的发生则与基因的变异、调控失灵有关。由于 DNA 双螺旋结构的发现，还导致了一门新的学科——遗传工程的诞生。人们可以把一个物种的遗传基因转移到另一个物种中，从而创造新的物种；还可以用正常的基因来代替修补缺损的基因等。这不仅在生物学研究中有重要意义，而

且在农学、医学、环保、资源利用、发展新一代生物计算机等方面有着广阔的应用前景。DNA 双螺旋结构的发现带来了分子生物学的突飞猛进，它深刻地影响到人类生活的方方面面，使人们迎来了一个新的时代，那就是分子生物学称雄的时代。

◎ 汤姆生

　　汤姆生（1856—1940年），英国物理学家。1856年12月18日生于英国曼彻斯特郊区，父亲是苏格兰人，以卖书为业。14岁进曼彻斯特欧文学院学习工程，1876年入剑桥大学三一学院，毕业后进入卡文迪许实验室，在瑞利指导下进行电磁场理论的实验研究工作。1884年，年仅28岁便当选为皇家学会会员，任卡文迪许实验室主任，培养出7名诺贝尔奖金获得者。

汤姆生

　　汤姆生在气体放电方面进行过不少研究，在电磁学理论方面也有贡献。1897年通过对阴极射线的研究，测定了电子的荷质比（电荷 e/质量 m），从实验上发现了电子的存在。汤姆生的发现，使人类认识了第一个基本粒子，这在物理学史上是划时代的。此后他又提出一种原子模型，认为原子是一个平均

分布着正电荷的均匀球体，电子镶嵌于其中，整个原子呈电中性。

1906 年，汤姆生由于在气体导电方面的理论和实验研究而荣获诺贝尔物理学奖。1912 年通过对某些元素的极隧射线的研究，提出了同位素的存在，第一次发现了质量数为 22 的稳定同位素氖。由于他的努力，使原子物理学成为现代科学。1940 年 8 月 30 日，汤姆生在剑桥逝世。

电子的发现者

汤姆生，英国物理学家，1856 年 12 月 18 日诞生于英格兰曼彻斯特附近契冉姆山区的一个书商家庭。汤姆生小时候深受父母钟爱。在父亲的影响下，汤姆生养成了爱好收集旧书的习惯。汤姆生对科学的兴趣是在一次偶然的机会中激发起来的。有一天，父亲带他去拜见著名物理学家焦耳，父亲对小汤姆生说："你见过这位伟大的物理学家，以后会感到十分荣幸的。"从此，汤姆生十分崇拜焦耳，也越来越喜欢自然科学。14 岁的时候，汤姆生到欧文学院预科上学，后来直接升入欧文学院。

汤姆生在欧文学院攻读了 5 年，成绩突出，深受物理学教授的赞赏。据说有一次，汤姆生帮助教授做实验，实验过程中试管发生爆炸，几乎使他双目失明。但他丝毫没有产生畏难情绪，只是包扎了一下伤

口又立即继续帮助做实验。1875年，汤姆生在欧文学院毕业，毕业论文的题目是《绝缘体的接触电》。同年，汤姆生考入剑桥大学三一学院攻读数学，毕业后留校，在卡文迪许实验室工作。1884年，汤姆生接替著名物理学家瑞利任卡文迪许实验室教授。

1895年，汤姆生开始从事气体放电的研究。1906年，汤姆生因为在气体放电现象的理论和实验研究方面的成就，荣获诺贝尔物理学奖。1908年，汤姆生受封为爵士。从1909年开始，他几次连任近代物理世界年会主席。1915年当选英国伦敦皇家学会会长，1918年任剑桥大学三一学院院长。汤姆生在物理学上最重要的贡献是发现了电子的存在。汤姆生用旋转镜法测量了阴极射线的速度，否定了阴极射线是电磁波；又通过阴极射线在电场和磁场中的偏转，得出了阴极射线是带负电的粒子流的结论。并测定了这种粒子的比荷，得出阴极射线粒子的质量约为氢原子的千分之一。他还给放电管中充入各种气体进行试验，发现其荷质比跟管中气体的种类无关，得出这种粒子必定是所有物质的共同组成成分。汤姆生把这种粒子叫做"电子"。

19世纪末，物理学界对阴极射线的研究达到了高潮，特别是对于阴极射线是由什么组成的问题，展开了激烈的争论。有人认为是粒子，有人认为是以太振动。当时关于阴极射线的研究有两派学说，一派是克鲁克斯、佩兰等人的微粒说，认为阴极射线是带负电的"分子流"；另一派是哥德斯坦、赫兹等人的波动说，认为阴极射线是一种电磁波。

有人认为是粒子，有人认为是以太振动。1897年，英国科学促进会最高委员会请汤姆生查明阴极射线到底是由什么组成的。他在接受这个任务以后，做了一个巧妙的实验。汤姆生在两支抽成真空的管子

里分别放着阴极和法拉第笼子，两管之间有一条狭缝相连，阳极上开有两个小孔。然后让从阴极发射出来的射线通过磁场，射线偏折后穿过两个小孔，穿过其中一个小孔的射线打在荧光屏上呈荧光，穿过另一个小孔的射线被法拉第笼子所收集。结果证明，笼子上收集的是负电粒子，而呈荧光又说明是阴极射线。这个实验决定性地说明阴极射线是由带负电的粒子组成的，从而结束了长达十多年之久的争论。这是第一步。第二步，汤姆生用阴极射线在磁场中偏转的办法，算出阴极射线粒子的荷质比。第三步，汤姆生再用磁场和电场结合起来使阴极射线偏转的办法，测出阴极射线粒子的荷质比是氢离子荷质比的770倍，推算出阴极射线粒子质量是氢原子质量的 1/1840。同时，汤姆生又用铅、铁等不同材料作阴极，并用各种气体充入放电管，多次重复上述实验，结果都一样。证明不管由什么物质发射阴极射线，粒子都一样，一定是所有物质共有的组成部分。汤姆生把这种阴极射线粒子叫做"微粒"。

1897 年 10 月，汤姆生发表了著名的论文《阴极射线》，系统地介绍了阴极射线中的"微粒"。1899 年，汤姆生正式把这种微粒叫做"电子"。电子的发现被科学界称为 19 和 20 世纪之交的三大发现之一，汤姆生被誉为"电子之父"。此外，汤姆生用和发现电子的类似方法，研究了气体放电中带正电粒子的行为，在 1912 年做氖气实验的时候，发现氖原子存在着两种形态，一种原子量是 20，另一种原子量是 22，并且断言它们实质上是同一种元素，但是具有不同的原子量。因此，汤姆生指出，自然界中存在着原子序数相同而原子量不同的元素，这就是同位素。

汤姆生一心扑在科学研究上。30多岁还没有结婚，他的未婚妻等不及了，他安慰说："再等一等，等我获得亚当斯物理学奖的时候再结婚，你不会觉得更光荣、更幸福吗？"就这样，他们的婚期一推再推，直到1890年元旦，汤姆生获得亚当斯奖以后才完婚，这时他已经34岁了。汤姆生在任卡文迪许实验室主任的30多年间，表现出卓越的领导才能。他固执地奉行"自己动手"的原则。据说他当主任以后，经他手批准的扩展实验室、更新实验设备的费用只有10000多英镑，和世界上其他著名实验室相比，真是一个微不足道的数字。

他从来不图形式，非常强调实用，积极鼓励研究人员自己设计制作或加工改造实验仪器。他认为这样做既省钱，又得心应手，还可以培养和锻炼人才。由于汤姆生处处"抠门"，同事们给他起了"吝啬鬼"的绰号。不过大家都很佩服他，因为他以身作则，是"抠门"的模范。他发现电子的实验所用的主要仪器气体导电仪，就是他利用废旧材料，自己敲敲打打制成的。这就难怪这位"吝啬鬼"培养出了像卢瑟福、威尔逊等一大批出类拔萃的物理学家。汤姆生活到84岁高龄，于1940年8月30日在剑桥去世。他的遗体和牛顿、达尔文、开尔文等著名学者一起安放在伦敦市中心的威斯敏斯特教堂。

◎ 弗洛伊德

弗洛伊德（1856—1939年），奥地利心理学家、哲学家，精神分析学的创始人。弗洛伊德是个出类拔萃的学生，1881年在维也纳大学获得医学学位。随后专门从事神经病治疗。1938年，纳粹分子入侵奥地利，由于弗洛伊德是犹太人，因此他不顾82岁高龄逃往伦敦，在那里不幸去世。

弗洛伊德

弗洛伊德对心理学作出了很大贡献，强调人的行为中的无意识思维过程极为重要；创造了用精神分析来治疗精神病的方法；系统地论述了人的个性结构学说，及有关焦虑、防御功能、阉割情绪、抑制和升华等心理学学说。弗洛伊德最为世人所知的是提出了受抑制的性爱经常会引起精神病或神经病这一学说，认为性爱和性欲始于早期儿童时期而不是成年时期。他的心理学观点使人类思想观念发生了彻底的革命，他提出的概念如本我、自我、超我、恋母情绪和死亡冲动等，已经成为心理学中的经典名词。

弗洛伊德于19世纪末20世纪初创立的精神分析理论，属于心理动力学理论，是现代心理学的奠基石，对整个心理科学乃至西方人文科学均有深远影响。

弗洛伊德的主要著作有《歇斯底里研究》、《梦的解析》、《日常生活中的心理病理学》、《多拉的分析》、《性学三论》、《精神分析运动史》、《图腾与禁忌》、《论无意识》、《超越唯乐原则》、《群体心理学与自我的分析》、《自我与本我》、《焦虑问题》、《幻想的未来》、《自我和防御机制》、《摩西与一神教》。

"走进心理深处"

在心理学领域，走向意识深处的探索者是弗洛伊德。他打开了人类潜意识的秘密。如果有人问，哪三位犹太人对世界历史发展产生的影响最大？恐怕就是马克思、爱因斯坦、弗洛伊德。三位巨人从不同的领域出发，对世界政治、科学、思想文化的发展作出了卓越的贡献。在这三位同为犹太血统的巨人中，弗洛伊德是最有争议，也被误解最多的人物。一方面，作为精神分析学的创始人，他被奉为顶礼膜拜的偶像；另一方面，他又被斥为招摇过市的骗子、色情狂。然而，真正

了解弗洛伊德的经历及其思想，就会发现这是一位具有远大理想、为真理而献身的人。他的一生是孜孜以求的一生，是善恶分明的一生。心理学大师詹姆斯·洛克认为弗洛伊德是"走进心理深处的医生"。

1856 年 5 月 6 日，弗洛伊德出生于奥匈帝国摩拉维亚弗赖贝格。他父亲雅科布是犹太毛皮商人，在和弗洛伊德的母亲阿玛利·内桑森结婚前，曾结过一次婚。弗洛伊德诞生时，其父 40 岁，似乎是一个不亲近人而自居权威的人物，而母亲则给他较多的抚育和感情。弗洛伊德虽然有两个异母哥哥，但他和比他大一岁的侄子约翰的关系似乎更为密切。

1859 年，由于经济原因，弗洛伊德全家迁到莱比锡，一年后又到维也纳。到纳粹并吞奥地利为止，弗洛伊德在此居住 78 年。弗洛伊德不喜欢这个帝国城市，因为市民们经常反对犹太人。1873 年，弗洛伊德毕业于文科中学，在一次大学文章朗诵会上，他听到歌德论自然一文，可能因此受到鼓舞而转为以医学为职业。在维也纳大学，他和当时有名的生理学家之一布吕克一起工作过。布吕克是亥姆霍兹唯物主义反生机论科学的拥护者。1882 年，弗洛伊德进入维也纳总医院，作为临床助教，受到精神病学家 T. 梅纳特及内科教授 H. 诺特纳格尔的教导。1885 年，弗洛伊德完成了他对脑髓的重要研究，被任命为神经病学讲师。

1885 年末，弗洛伊德离开维也纳到巴黎萨尔佩特里埃尔诊所，在夏尔科指导下工作，继续他的神经病理学研究。在法国首都的 19 个星期是他事业上的转折点，夏尔科当时正在研究"歇斯底里病人"，他的工作使弗洛伊德认识到心理障碍的根源可能存在于心灵中而不是在

脑中。夏尔科证明歇斯底里症状如肢体瘫痪和催眠暗示之间有一定联系，这意味着歇斯底里的病因是精神状态的力量而不是神经。虽然不久他就放弃对催眠术的信心，但他在1886年2月回到维也纳时心中已孕育着他的革命性的心理疗法。

回到维也纳几个月后，弗洛伊德即和玛莎·伯尼斯结婚。玛莎出身犹太望族家庭，其祖先中有一位汉堡的首席犹太教教士，还有 H.海涅。她生了6个孩子，其中一个就是安娜。安娜靠自己的努力，也成为一个著名的心理分析家。E. 琼斯在他写的弗洛伊德传记中，把他的婚姻描绘成一幅光辉幸福的图像，但后来的学者们对此稍有不同看法。不过在弗洛伊德一生动乱不安的经历中，玛莎一直持深情的支持态度，这一点现在是很清楚的。

婚后不久，弗洛伊德和柏林的医生 W. 弗利斯开始了最亲密的友谊，这个人在精神分析发展中所起的作用曾惹起广泛的争论。在15年的亲密交往中，弗洛伊德一些最大胆的思想都和弗利斯讨论过。弗洛伊德相信人类是双性的，身体上有性乐区，甚至认为幼儿有性欲等，这些信念和思想都很可能是受到他们友谊的鼓励。此后十年中他发展了自由联想技术。1895年，他与布罗伊尔共同发表了《歇斯底里研究》。

1896年10月，弗洛伊德的父亲在81岁生日以前不久去世。一些弗洛伊德认为曾经长期被潜伏的情绪在他身上宣泄出来了，这些情绪来自他最早年的家庭经验及感情。从1897年7月开始，弗洛伊德试着利用一个曾用了几千年的技巧——释梦——来揭示这些经验和感情的意义。弗洛伊德对分析梦的传统的贡献，是开辟了一条新路。他强调

"释梦是认识无意识的捷径"。他提供了一个不寻常的详细文章说明梦为什么产生和功能是怎样的。

1899 年，他的著名代表作《释梦》（又译《梦的解释》）问世，但遭到了当时医学界的冷落。在此后的十年间，人们才逐渐认识到其学说的价值。一批著名学者，如荣格、阿德勒都拜入他的门下，精神分析学派初步形成。1908 年，"精神分析学会"在维也纳成立。在瑞士的苏黎世，在荣格主持下的"弗洛伊德协会"吸引了来自世界各国的研究者，培养了一批具有国际影响的精神分析工作者。

在美国，由于弗洛伊德的访问，掀起了对精神分析学的研究热潮。1910 年 5 月，美国精神分析学会在华盛顿成立，并出版该会的机关刊物《变态心理学杂志》。在俄国，弗洛伊德的著作被译成俄文出版。还创办了《精神治疗法》杂志。莫斯科科学院为优秀的精神分析学著作颁发了奖金。在德国也成立了精神分析学会。与此同时，在法国、意大利、澳大利亚等国也开始研究和翻译弗洛伊德的著作。

正当弗洛伊德踌躇满志的时候，第一次世界大战爆发了。这个被他称为"可恨的时代"几乎把他抛入绝境。荣格和阿德勒——弗洛伊德最著名的两位学生，在这期间也公开同弗洛伊德分裂了。这更加剧了弗洛伊德的悲观情绪。而最使他绝望的是，他的 3 个儿子和不少出色的精神分析学者应征入伍，在前线的战场上生死不明。弗洛伊德每天都以焦虑的心情查阅报纸，关注着儿子和朋友们的生死前途。

战争期间，弗洛伊德的生活也成了问题。他的家人每天都面临着缺粮的威胁，前来诊所看病的人也寥寥无几。更糟糕的是，病魔也不断向他袭来。先是严重的风湿症，使他连写字手都不停地颤抖。接着，

又患了致命的下颚癌。下颚经常颤抖不已，还时常作痛。但一战后，精神分析学受到了空前的重视，弗洛伊德也一跃成为世界知名学者。弗洛伊德自20世纪20年代起便将精神分析运用于其他领域，试图解释一切与人类精神活动有关的问题。但好景不长，30年代，希特勒上台，在全国禁止精神分析学说。1938年，弗洛伊德离开了他居住79年的维也纳，去往伦敦。1939年9月23日，弗洛伊德因下颚癌逝世。

弗洛伊德是20世纪影响最大的学者之一。他对人的精神领域的研究是非常深刻的，这是他对未知世界的探索。当然，对未知的探索，就意味着可能的成功。另外，弗洛伊德有学习语言的天才，他精通拉丁文和希腊文，熟练地掌握法文和英文，还自学意大利文和西班牙文。对他的国语希伯来文也很熟悉。这是他广泛阅读材料的基础，为他的精神分析研究提供了前提。

弗洛伊德虽然有深厚的犹太民族的感情，但他很善于吸收周围民族的文化养料。对歌德和莎士比亚等人的作品，弗洛伊德都推崇备至，他能背诵歌德和莎士比亚的许多作品。这使他能够从各方面吸收知识的养料，并最终成为一代宗师。最后，他的人格也令人钦佩，他的正义感非常强烈，反对战争，他说："人类将战胜这场战争。但我确实认识到我和我的同代人将再也不会看到一个快乐的世界。一切都是令人讨厌的。"

弗洛伊德不是一个简单的"白日梦幻"者，而是精神分析的思想家。20世纪的自然科学和社会科学都深受弗洛伊德学说的影响，这不能不说是一个奇迹。有人说弗洛伊德是"精神领域的哥伦布"，这也算是一个中肯的评价。

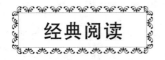

弗洛伊德作品欣赏

战胜命运的摆布（节选）

生活正如我们所发现的那样，对我们来说是太艰难了。它带给我们那么多痛苦、失望和难以完成的工作。为了忍受生活，我们不能没有缓冲的措施，正如西奥多·方坦所说："我们不能没有补救的措施。"这类措施也许有三个：强而有力的转移，它使我们无视我们的痛苦；代替的满足，它减轻我们的痛苦；陶醉的方法，它使我们对我们的痛苦迟钝、麻木。这类措施是必不可少的。伏尔泰在《查第格》的结尾告诫人们要耕种他们自己花园的土地，其目的就是为了转移，科学活动也是这类转移。代替的满足正如艺术所提供的那样，是与现实对照的幻想，但是由于幻想在精神生活中担负的这种作用，它们仍然是精神上的满足。陶醉的方法作用于我们的身体并改变它的化学过程。

除上述措施之外，防范痛苦还有一种方式是我们心理结构所容许的里比多的转移，通过这一转移，这种方式的功能获得了那么多的机

动性。这里的任务是改变本能的目标，使其不至于被外部世界所挫败。本能的升华借助于这一改变。如果一个人有能力增加从精神和智力工作这个源泉中获得的快乐，那么他的收益是极大的。命运摆布他的力量也就小多了。正如艺术家在创作中、在实现他的幻想中得到的快乐一样，或者像科学家在解决问题或发现真理时一样。这类满足有一个特殊的性质，将来有一天，我们肯定可以用心理玄学的术语去加以描述。现在，对我们来说，只能把这样的满足形容为"高尚的和美好的"。但是这种满足的强度，与来自野蛮的原始的本能冲动的满足的强度相比较是温和的，它并不震动我们的肉体。但是，这种方式的弱点是不能普遍适用于人们，它只能为少数人所用。它以人的特殊的气质和天赋为其先决条件，而这种气质的天赋在实践中是远不够普遍的。甚至对占有它们的少数人来说，这个方式也不能用来彻底防止痛苦。这个方式无法制造穿不透的盔甲来抵御命运之神的箭矢，当痛苦来自这个人自己的身体时，它常常就失去了作用。

这个过程已经清楚地表明了一个意图，即通过在内部的、精神的过程中寻求满足，来使自己独立于外部世界，在第二个过程中，这些特征甚至更显著。在这个过程中，与现实的联系更加松散，满足是从幻想中获得的，它表明幻想与现实之间的差异并不干扰幻想带来的快乐。产生幻想的那个领域是对生活的想象，当现实感发展了的时候，这个领域显然避开了现实检验所提出的要求，并为了实现那难以实现的愿望而保留下来。幻想带来的快乐首先是对艺术作品的享受——靠着艺术家的能力，这种享受甚至被那些自己并没有创造力的人得到了。那些受了艺术感染的人并不能把它作为生活中快乐和安慰的源泉，从而给它过高的评价；艺术在我们身上引起的温和的麻醉，可以暂时抵消加在生活需求上的压抑，但是它的力量决不能强到可以使我们忘记现实的痛苦……

从这里，我们可以接下去考虑一下有趣的情况，在这个情况中，生活中的幸福主要来自对美的享受。我们的感觉和判断究竟在哪里发现了美呢？——人类形体的和运动的美，自然对象的美，风景的美，艺术的美，甚至科学创造物的美。为了生活的自的，审美态度稍许防卫了痛苦的威胁，它提供了大量的补偿。美的享受具有一种感情的、特殊的、温和的陶醉性质。美没有明显的用处，也不需要刻意的修养。但文明不能没有它。美学科学考察了事物的美的条件，但是它不能对美的本质和起源做任何说明，像往常一样，失败在于层出不穷的、响亮的，却是空洞的语词。不幸的是，精神分析学对美几乎也说不出什么话来。看来，所有这些确实是性感领域的衍生物。对美的爱，好像是被抑制的冲动的最完美的例证。"美"和"魅力"是性对象的最原始的特征。

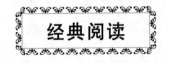

经典阅读

弗洛伊德的精神分析理论

精神分析理论属于心理动力学理论，是奥地利精神科医生弗洛伊

德于19世纪末20世纪初创立。精神分析理论是现代心理学的奠基石，它的影响远不是局限于临床心理学领域，对于整个心理科学乃至西方人文科学的各个领域均有深远的影响，它的影响可与达尔文的进化论相提并论。它由以下几种基本理论构成：

（1）精神层次理论。该理论是阐述人的精神活动，包括欲望、冲动、思维，幻想、判断、决定、情感等会在不同的意识层次里发生和进行。不同的意识层次包括意识，前意识，潜意识和三个层次，好像深浅不同的地壳层次而存在，故称为精神层次。人的心理活动有些是能够被自己觉察到的，只要我们集中注意力，就会发觉内心不断有一个个观念、意象或情感流过，这种能够被自己意识到的心理活动叫做意识。而一些本能冲动、被压抑的欲望或生命力却在不知不觉的潜在境界里发生，因不符合社会道德和本人的理智，无法进入意识被个体所觉察，这种潜伏着的无法被觉察的思想、观念、欲望等心理活动被称之为潜意识。下意识界于意识与潜意识的层次中间，一些不愉快或痛苦的感觉、意念、回忆常被压在下意识这个层次。

（2）人格结构理论。弗洛伊德认为人格结构由本我、自我、超我三部分组成。本我即原我，是指原始的自己，包含生存所需的基本欲望、冲动和生命力。本我是一切心理能量之源，本我按快乐原则行事，它不理会社会道德、外在的行为规范，它唯一的要求是获得快乐，避免痛苦，本我的目标是求得个体的舒适，生存及繁殖。自我是自己可意识到的执行思考、感觉、判断或记忆的部分，自我的机能是寻求"本我"冲动得以满足，而同时保护整个机体不受伤害，它遵循的是"现实原则"，为本我服务。超

我，是人格结构中代表理想的部分，它是个体在成长过程中通过内化道德规范，内化社会及文化环境的价值观念而形成，其机能主要在监督、批判及管束自己的行为，超我的特点是追求完美，所遵循的是"道德原则"。

（3）性本能理论。弗洛伊德认为人的精神活动的能量来源于本能，本能是推动个体行为的内在动力。人类最基本的本能有两类：一类是生的本能，另一类是死亡本能或攻击本能。生的本能包括性欲本能与个体生存本能，其目的是保持种族的繁衍与个体的生存。性欲是指人们一切追求快乐的欲望，性本能冲动是人一切心理活动的内在动力，当这种能量（力必多）积聚到一定程度就会造成机体的紧张，机体就要寻求途径释放能量。弗洛伊德将人的性心理发展划分为口欲期、肛门期、性蕾欲期、潜伏期、生殖期。刚生下来的婴儿就懂得吸乳，乳头摩擦口唇粘膜引起快感，叫做口欲期性欲。1岁半以后学会自己大小便，粪块摩擦直肠肛门粘膜产生快感，叫做肛门期性欲。儿童到3岁以后懂得了两性的区别，开始对异性父母眷恋，对同性父母嫉恨，这一阶段叫性蕾欲期，其间充满复杂的矛盾和冲突，儿童会体验到俄底普斯（edipus）情结（恋母情结）和厄勒克特拉（Electra）情结（恋父情结）。只有经过潜伏期到达青春期性腺成熟才有成年的性欲。成年人成熟的性欲以生殖器性交为最高形式，以生育繁衍后代为目的，这就进入了生殖期。弗洛伊德认为成人人格在前三个发展阶段已基本形成，所以儿童的早年环境、早期经历对其成年后的人格形成起着重要的作用，许多成人的变态心理、心理冲突都可追溯到早年期的创伤性经历和压抑的情结。

（4）死亡与释梦理论。弗洛伊德提出了死亡本能即桑纳托斯，它是促使人类返回生命前非生命状态的力量。死亡是生命的终结，是生命的最后稳定状态，生命只有在这时才不再需要为满足生理欲望而斗争。只有在此时，生命不再有焦虑和抑郁，所以所有生命的最终目标是死亡。死亡本能派生出攻击、破坏、战争等一切毁灭行为。当它转向机体内部时，导致个体的自责，甚至自伤自杀，当它转向外部世界时，导致对他人的攻击、仇恨、谋杀等。

释梦理论。弗洛伊德是一个心理决定论者，他认为人类的心理活动有着严格的因果关系，没有一件事是偶然的，梦也不例外，绝不是偶然形成的联想，而是愿望的达成。在睡眠时，超我的检查松懈，潜意识中的欲望绕过抵抗，并以伪装的方式，乘机闯入意识而形成梦，可见梦是对清醒时被压抑到潜意识中的欲望的一种委婉表达。梦是通向潜意识的一条秘密通道。通过对梦的分析可以窥见人的内部心理，探究其潜意识中的欲望和冲突。通过释梦可以治疗神经症。

（5）心理防御机制理论。弗洛伊德的女儿安娜·弗洛伊德在其父亲理论的基础上，提出了著名的"心理防御机制理论"。心理防御机制是自我的一种防卫功能，很多时候，超我与原我之间，原我与现实之间，经常会有矛盾和冲突，这时人就会感到痛苦和焦虑，这时自我可以在不知不觉之中，以某种方式调整一个冲突双方的关系，使超我的监察可以接受，同时原我的欲望又可以得到某种形式的满足，从而缓和焦虑，消除痛苦，这就是自我的心理防御机制，它包括压抑、否认、投射、退化、隔离、抵消转化、合理化、补偿、升华、幽默、反向形成等各种形式。

心理防御机制理论构成。人类在正常和病态情况下都在不自觉地运用心理防御机制，运用得当，可减轻痛苦，帮助度过心理难关，防止精神崩溃，运用过度就会表现出焦虑抑郁等病态心理症状。心理防御机制理论由压抑、否认、投射、退化、隔离、抵消转化、合理化、补偿、升华、幽默、反向形成等构成。

一是压抑。当一个人的某种观念、情感或冲动不能被超我接受时，就被潜抑到无意识中去，以使个体不再因之而产生焦虑、痛苦，这是一种不自觉的主动遗忘和抑制。如很多人宁愿相信自己能中六合彩而不愿想像自己出街时遇车祸的危险，其实后一种的概率远比前者大，这是一种压抑机制的不自觉运用，因为当人意识到每次出街都要面临车祸的威胁时就会感到焦虑，人为了避免焦虑故意将其遗忘。

二是否认。指有意或无意地拒绝承认那些不愉快的现实以保护自我的心理防御机制。如有的人听到亲人突然死亡的消息，短期内否认有此事以减免突如其来的精神打击。

三是投射。指个体将自己不能容忍的冲动、欲望转移到他人的身上，以免除自责的痛苦，如一个人性张力过大，做梦时都梦见另一个人与异性在发生性行为，这是自我为了逃避超我的责难，又要满足自我的需要，将自己的欲望投射到别人的身上从而得到一种解脱的心理机制。

四是退行。当人受到挫折无法应付时，即放弃已经学会的成熟态度和行为模式，使用以往较幼稚的方式来满足自己的欲望，这叫退行。如某些性变态病人就是如此，成年人遇到性的挫折无法满足时就用幼年性欲的方式来表达非常态的满足，例如在异性面前暴露自己的生殖

器等。

五是隔离。将一些不快的事实或情感分隔于意识之外，以免引起精神上的不愉快，这种机制叫隔离，如人们来月经很多人都说成"来例假"，人死了叫"仙逝""归天"，这样说起来可以避免尴尬或悲哀。

六是抵消。以象征性的行为来抵消已往发生的痛苦事件，如强迫症病人固定的仪式动作常是用来抵消无意识中的乱伦感情和其他痛苦体验。

七是转化。指精神上的痛苦，焦虑转化为躯体症状表现出来，从而避开了心理焦虑和痛苦，如歇斯底里病人的内心焦虑或心理冲突往往以躯体化的症状表现出来，如瘫痪、失音、抽搐，晕厥、痉挛性斜颈等，病者自己对此完全不知觉，转化的动机完全是潜意识的，是病者意识不能承认的。

八是补偿。是指个体利用某种方法来弥补其生理或心理上的缺陷，从而掩盖自己的自卑感和不安全感，所谓"失之东隅，收之桑榆"就是这种作用。

九是合理化。是个体遭受挫折时用利于自己的理由来为自己辩解，将面临的窘境加以文饰，以隐瞒自己的真实动机，从而为自己进行解脱的一种心理防御机制，如狐狸吃不到葡萄就说葡萄是酸的。

十是升华。指被压抑的不符合社会规范的原始冲动或欲望用符合社会要求的建设性方式表达出来的一种心理防御机制，如用跳舞，绘画，文学等形式来替代性本能冲动的发泄。

十一是幽默。是指以幽默的语言或行为来应付紧张的情境或表达潜意识的欲望。通过幽默来表达攻击性或性欲望，可以不必担心自我

true
true

或超我的抵制，在人类的幽默中关于性爱、死亡、淘汰、攻击等话题是最受人欢迎的，它们包含着大量的受压抑的思想。

十二是反向形式。自认为不符合社会道德规范的内心欲望或冲动会引起自我和超我的抵制，表现出来会被社会惩罚或引起内心焦虑，故朝相反的途径释放导致反向形成。比如有些恐人症的病人内心是渴望接解异性的，但却偏偏表现出对异性恐惧。

◎ 齐奥尔科夫斯基

齐奥尔科夫斯基（1857—1935年），前苏联举世闻名的科学家、科幻作家。他为航空航天科学的发展作出了卓越贡献，被誉为"宇航天文学之父"。童年时，齐奥尔科夫斯基不幸得了猩红热，留下耳聋的后遗症，从此无法上学。他蹲在家里，开动脑筋，给自己制作玩具。他爱读书爱学习，在父亲的书房里如饥似渴地阅读着科技书籍。从家乡来到莫斯科后，齐奥尔科夫斯基在

齐奥尔科夫斯基

图书馆里自学了多门中学和大学课程，尤其是高等数学。自学生活是艰苦的，他吃得很差，有时几个月里除了黑面包和水以外什么也没有。

1878年，这位20岁的青年开始了独立研究工作，制成了转动机。1883年写成了《自由空间》，首次提出宇宙飞船的运动必须利用喷气原理。在《利用喷气式器械探测宇宙空间》中阐述了火箭飞行理论，

论述了将火箭用于星际交通的可能性，首创液体燃料火箭的设想和原理图，说明了火箭在星际空间飞行和从地面起飞的条件，提出设置地球卫星式的中间站，用煤油和液态氧等液体燃料代替固体燃斛作为火箭推进剂的思想，论证了火箭采取流线形的必要性，画出了火箭结构示意图，给出了成为宇宙航行基本公式的火箭速度公式。齐奥尔科夫斯基在人类宇航史的理论奠基人地位由此确定。

1927年，齐奥尔科夫斯基发表气垫列车理论和方案，1932年发表喷气式飞机在平流层的飞行原理和高超音速飞机构造的方案，1929年提出多级火箭的结构。1932年，苏联政府授予他劳动红旗勋章。1954年，苏联科学院设立齐奥尔科夫斯基金质奖章，表彰在星际航空领域内有杰出贡献的人员。

齐奥尔科夫斯基被称为苏联宇航之父，他出版的关于征服太空的科幻小说也令人大开眼界。他的科幻代表作有《在月球上》、《宇宙的召唤》、《地球之外》等，西方学者称他为"预言人类太空殖民的先知"。他曾预言"地球是人类的摇篮。人类绝不会永远躺在这个摇篮里。人类首先将小心翼翼地穿过大气层，然后再去征服太阳空间。"

星际飞行的创始人

当今人类已经登上了月球，并开始向更远的星际空间挺进。然而，谁能想到，为星际飞行奠基铺路的人，竟是一个连小学还没有毕业的贫民子弟呢？齐奥尔科夫斯基在世 78 年，而辛勤地从事科学研究的时间就长达 60 年之久。他为后人留下了许多宝贵的科学遗产，被人们誉为"星际飞行理论的奠基者"、"星际飞行的创始人"。

康斯坦丁·埃杜阿尔道维奇·齐奥尔科夫斯基，1857 年 9 月 17 日出生在俄国梁赞省的一个乡村。9 岁那年，一场猩红热使他成了个聋子。他被迫中途失学，回到家里。村里的孩子们一起唱歌、跳舞、追逐嬉戏，场面极为热闹。可是，他却参加不了。谁愿意和一个聋子一块玩呢？他的周围，好像垒起了一堵厚厚的大墙。喧闹欢乐的世界，对他来说，一下子变得寂静可怕。

渐渐地，他变得沉默、发呆、孤僻，圆圆的脸上失去了笑容，嘴巴像是贴上了封条。母亲为了减轻耳聋给孩子带来的痛苦，就把全部的空余时间用来教他读书、写字、画画。可是，不久母亲就去世了，这使得小小年纪的齐奥尔科夫斯基心里更加苦闷，性格越发变得内向了。

他常常对着翩翩起舞的蝴蝶、展翅飞翔的鸟儿出神，天真的小脑袋一点一晃地表示赞赏。他想："人为什么不可以飞起来呢？如果我能飞上天，该有多好！我可以把在天上看到的一切告诉大家。"想到入神处，他不禁自言自语地说道："我要做一只大木鸟，骑着它飞到天上去。和月亮、星星玩耍，要比跟孩子们玩泥巴和木棍有意思得多！"

几天后，他果真做成了一只大木鸟，可惜怎么也飞不起来。这可怎么办呢？他最后明白了：要实现自己的幻想，必须努力学习，掌握

科学知识。从此，他开始认真读书，什么代数、几何、三角、物理、化学、天文学，他都读。一天，他读了一本测量学教科书，并仿照书中的插图制成了一个测量仪，准确地测出了从他家到另一座小楼的距离。这件事使他更加明白了读书的重要性。

读书的同时，他还常用纸板、木片等制造玩具。他制造的小风车，不但能转动，还能把麦粒磨成面粉。他制造的一辆小车，像一只大甲虫似的，能在地上"嘎嘎"叫着向前爬行。15岁左右时，他制成了带铃的钟、火车头等等，引得村里的孩子们常常跑来看稀奇。一天，他跟爸爸到一个镇上去玩，看到了一台"突突"转动的车床，十分感兴趣，回到家里就动手制造车床。有些邻居嘲笑他说："看，小聋子逞能哩！"没多久，小车床终于做成了，还能用来切削木片呢！这一下，人们都相信这孩子有才能了。他爸爸高兴地对一位亲戚说："这孩子，别看耳朵不大中用，都快成了发明家啦！"

看着孩子的成长和进步，爸爸心里当然很高兴，可一想到他长大后的生活问题就犯愁。16岁那年，爸爸问他："孩子，你打算今后干什么呀？""还问这个干什么！我不是已经干起来了吗？搞科学研究，搞发明，搞创造"齐奥尔科夫斯基毫不犹豫地回答说。"孩子，你说的这些都是幻想！要搞发明创造，不念大学能行吗？我是没有钱供你念大学的；即使有钱，你耳朵有毛病，哪个大学能收你呢？还是实际一些，学点手艺，干个别的营生吧！"

此时，爸爸哪知道儿子的远大理想呢！儿子想去探索天空的奥秘，征服宇宙！于是，齐奥尔科夫斯基恳求说："爸爸，你让我去莫斯科

吧！那里有图书馆，有大学，有学者和教授，我把自己的想法讲给他们听，他们会支持我的，会给我帮助的！我在莫斯科随便找个事，挣点钱，够吃面包就行了。业余时间我去大学学习，找教授们请教，我会成为一个有用的人的。让我去吧！相信我吧！"爸爸终于答应了他的要求。齐奥尔科夫斯基拉着爸爸的手，高兴得跳了起来。

图书馆里念"大学"

1873年，16岁的齐奥尔科夫斯基独自一人来到了莫斯科。他高兴地在大街上走着，并留心阅读那些杂乱的房屋租赁广告。广告很多，租价都太贵。他一边读广告，一边摸着自己的钱包，很久也没有定下来。最后，他在码头边上一位贫苦洗衣妇人处找了间狭小、便宜的房子住了下来。在沙皇俄国，一个穷苦人家的孩子想上大学谈何容易！齐奥尔科夫斯基上学的愿望未能实现，他只能走自学的道路。这天一早，他按照别人的指点，来到了附近的鲁勉柴夫斯基博物院的公共图书馆（现在的国立列宁图书馆），这是一座培育过不少作家和科学家的图书馆。

"年轻人，你想看什么书？看物理方面的吗？我可以向你推荐布拉什曼、牛顿，还有基尔霍夫。"一位图书管理员热情地对他说。"您

也在研究物理学吗?"齐奥尔科夫斯基问。"没有,我是图书管理员,我非常喜欢书,我一向认为,书是我们最好的朋友,是我们通向未来世界的引路人。书是人生中万万不可缺少的宝物呀!"

图书管理员的话引起了齐奥尔科夫斯基的共鸣。他跟在图书管理员的后面,在一排排高大的书架中间转来转去,看着琳琅满目的各种书籍。"天哪!我从来没有见过这么多的书!"齐奥尔科夫斯基高兴得差点儿叫了起来,"这么多的书集合起来,就成了知识的大海洋。从现在起,我要生活在知识的海洋里了!这么多的书,我该先读哪本呢?"

在那位图书管理员的建议下,齐奥尔科夫斯基制订了一个读书计划。高等数学、物理学、机械学,还有化学、天文学……他把各种书都借了来,堆满了一桌子。整天和数字、公式打交道,不但丝毫不感到枯燥,而且得到了极大的乐趣。他从抽象的数字和公式中看到了美好的未来。每天傍晚,直到掌灯时分,他才在图书馆工作人员的催促下,恋恋不舍地离开。一天天,一月月,他总是这么度过。他在这个图书馆里共念了两年的"大学"。

后来,每当有人说他没有上过大学时,他总要诙谐地说:"谁说我没上过大学!我在图书馆里念了两年大学。大学里要学的书,图书馆里都有;大学里不念的书,图书馆里也有。图书馆里不但有俄罗斯的权威、教授,而且有世界著名的教授、学者;不但有现代的,而且有古代的。哪所大学里能有这么多好老师呢?我虚心地向他们学习,向他们请教。大学我是念过的,我念的是图书馆大学!"

在念"图书馆大学"的两年里,他远离家乡,无亲无故,生活非

常艰难。每月爸爸只给他寄 10 个卢布。除了买面包的钱以外，其他方面他都尽量节省，省下钱来买书，买实验用的材料。有时，书和材料买得多了，连吃饭都成了问题。一天，他的一双靴子实在破得不能再穿了，就在回旅店的路上买了一双新的。可是，还没走回旅店，那靴子的底就脱落了，这才发现受了骗。没办法，他只好拣起那双破烂不堪的旧靴子，回去缝补了一下继续穿。

为了求知，他的日子过得异常艰难。但他却顽强地生活着，学习着。两年之内，他阅读的书目之广，远远超出了最初制定的读书计划。通过学习，他开阔了眼界，丰富了知识，进一步钻研物理学和机械学的兴趣也更加浓厚了。这一时期，他常常回忆起儿童时代的那些幻想，回忆起他做的那只飞不起来的木鸟，于是，飞向太空的理想之花，逐渐在他心里扎了根。他终于确定了自己前进的方向，并且在朝着这个方向的道路上艰难地前进。

顽强进取的才子

1876 年，齐奥尔科夫斯基在莫斯科已落到饥寒交迫的地步，只好回到已经搬到维亚托卡的父亲身边。为了继续自学和研究，他当了家庭教师以解决生活问题。不久，他父亲因年老多病而退休，家中的生活更困难了。于是,齐奥尔科夫斯基只好告别了年老的父亲,于1878年夏天回到了梁赞省,准备参加谋求教师职业的考试。

在这段时间里,他研究了车辆在启动和制动的一刹那间的运动状态;拟定了天文图;特别是他的星际航行的思想向前发展了一大步,提出了极为大胆的和惊人的设想。"纺锤形的塔不用支柱悬在星空,并且不会掉下来。"这就是我们现在非常熟悉的人造地球卫星!"从人造圈上可以很方便地飞向四方。"这就是现在利用人造卫星作为地球外面的中间站进行宇宙航行的思想。

1880年夏天,齐奥尔科夫斯基顺利地通过了考试,当上了巴洛夫斯克县城中学的物理教师,这使他的星际飞行的研究有了可靠的生活保证。他每天都起得很早,去学校上课以前,在家还要工作两三个小时。下课后,他一分钟也不在学校里呆,急忙回到住所,进行研究或写作。他在屋里布置了一个工作台,又从商店买来锯、刨、钻等工具。只要他从学校回来,他租赁的房子里马上就喧闹起来了,锤声丁当,锯声吱吱……他正在亲手制造试验仪器呢!

风也是齐奥尔科夫斯基研究的对象。他想研究出:什么形状的飞行器战胜各种级别的风以后能在天空高高飞行?飞行器采用什么速度能在风暴中像在无风天气里一样平稳地飞行?什么形状的飞行器在大气中的阻力最小?为了研究风,他省吃俭用,攒钱买了一匹小马,自制了一个带帆的雪橇。一刮大风时,他就坐上雪橇,打着小马在冰上迅跑。县城里的人不知发生了什么事,都赶来看热闹。谁知,这件事把警察局也惊动了。

一天，县警察局长找到了他，一本正经地问："你就是中学教师齐奥尔科夫斯基先生吗？""是的，局长阁下，有何贵干？"齐奥尔科夫斯基不慌不忙地回答说。"对不起，请你去警察局一趟，有人控告你……"最后，警察局以"有伤风化"为理由，下令禁止齐奥尔科夫斯基乘带帆的雪橇滑行。

但是，警察局却无法禁止齐奥尔科夫斯基继续对风进行研究。春天来了，他制作了各式各样的风筝——蜈蚣、小鸟、蝴蝶……然后领着一群娃娃在泥泞的地里放风筝，弄得泥水溅满身，不细看，谁也认不出他竟是位中学教师。娃娃们跟着他玩得高兴得不得了，有人却指着他的脊梁恶狠狠地骂道："神经病，这号人不配做老师！"

房东的女儿薇拉听了这些话，很为这位房客担心。她关心地对齐奥尔科夫斯基说："你要注意点影响啊，你知道人家在背后说你什么吗？不要再领着孩子们闹着玩了！""你说什么？闹着玩？这哪里是玩呀，这是科学实验！我做的事是关系到人类利益的伟大事业，对那些无知的嘲笑，我嗤之以鼻，不予理睬。"齐奥尔科夫斯基正是根据这些实验，写出了他的第一篇关于气体运动的论文。接着，他又写出了第二篇论文——《生物机动力学》。这篇论文获得了俄国著名生物学家谢切诺夫的好评，齐奥尔科夫斯基因此被吸收为物理化学协会的会员。

被指责的婚礼

　　房东的女儿薇拉早就爱上了齐奥尔科夫斯基。姑娘爱他谦虚、正直、勤奋好学，爱他专心研究科学。而齐奥尔科夫斯基呢，也爱上了薇拉。他爱她吃苦耐劳，爱她对人关心体贴。不久，他俩决定去教堂举行结婚仪式。教堂在县城外四五俄里的地方。这天早晨天刚亮，两个人就动身去教堂了。他们决定7点以前履行完结婚手续，新郎8点以前还要赶到学校教课去呢！

　　结婚仪式一结束，新娘薇拉就回了家，新郎齐奥尔科夫斯基则去了学校。放学后，齐奥尔科夫斯基没有急于回家会新娘，他买好的一部旧车床需要运回家，他正急着要用哩！他雇了一辆马车，把车床拉了回来。刚到家，他发现岳父正陪着七八个客人在喝喜酒。他在门口等了一会儿，看样子"宴会"一时还散不了，他又没有那么多时间等下去，只好推门进去，对客人们说："尊敬的来宾们，请大家不要见怪，我要把这台车床从这儿搬过去，请各位让开一条路，不要弄脏了你们的衣服。"

　　客人们吃惊地站起来，他又接着说："时间也不早了，请各位回家去吧！谁没有喝够，可以带些酒回家慢慢喝。"客人们对他这种无

礼的行为感到很气愤，但也说不出什么，一个个怏怏不乐地走了。出门后纷纷议论说："薇拉这孩子真可怜，嫁给了一个疯子，以后的日子可怎么过呀？"

其实，人们根本不知道，齐奥尔科夫斯基正在进行着非常重要的工作。结婚以后，齐奥尔科夫斯基仍像过去一样有规律地生活着。他把自己的全部精力都投入到了关于星际飞行的研究中去。他阅读了大量关于在星际空间开辟一条空中通路的书籍；研究了前代科学家关于可操纵的气球的著述。最后他提出了自己的独特见解：必须采用全金属气球——未来的宇宙飞船——才能开辟通向宇宙之路。

1883 年，齐奥尔科夫斯基写出了题为《自由空间》的论文。文中，他用简单的比喻描绘出了未来火箭的原理图。他是这样写的："让我们假设一个装满强烈压缩空气的大桶子。如果扭开桶子一端的活门，那么气体就会不断地从大桶中冲出来，把气体质点推向空间的气体弹性也同样不停地推动着大桶。"一看就明白，这个"大桶"指的就是现在的火箭。

1892 年，齐奥尔科夫斯基带着凄苦的心情迁到卡路格，担任了女子教会学校的物理教员。直到 1917 年十月革命，他在这儿整整被埋没了 25 年。在卡路格，他和以前一样，一边教书，一边从事科学研究。1893 年，他设计了能自动调节气球位置的自动驾驶仪。1894 年，他写了《飞行器和蹼翼（航空的）飞行器》一文，把自动操纵的思想向前推进了一大步。他把这些书稿和有关模型送交俄罗斯技术协会第七航空部门，满心希望得到他们的支持和帮助。谁知这个部门的一些人竟说他的设计毫无价值，这使齐奥尔科夫斯基受到沉重打击。

当然，打击并不能影响齐奥尔科夫斯基研究星际飞行的热情。为了进行空气阻力试验，他又想方设法弄了点钱，建造了一个风洞（又名送风机，是现代各种飞行器制造不可缺少的实验装置）。这一发明使科学研究工作者有可能用实验来检查理论计算的正确性，奠定了实验空气动力学的基础。他利用这个装置研究了100多个模型，获得了不少珍贵资料。为了扩大试验，他打报告给皇家科学院，申请1000卢布的援助，结果皇家科学院只给了他470个卢布。这是他十月革命前获得的唯一的一次援助。1901年，他给科学院送交了一份详细的科学实验报告。但是，齐奥尔科夫斯基的这份极有价值的科学实验报告却没有得到科学院的答复。1902年3月，齐奥尔科夫斯基只好给科学院的一位院士写信，询问科学院对他的报告的看法，并表示了他希望得到科学院物质上、精神上支持的迫切心情。但这位院士也使他失望了，他什么援助也没有得到。在沙皇的反动统治下，一个人要想对科学事业作点贡献真是太困难了。1903年，他又写成了《利用喷气仪器研究宇宙空间》一书，从而打开了人类进入宇宙空间的大门。

苏联十月社会主义革命的胜利，给齐奥尔科夫斯基带来了新生，苏共中央、苏维埃政府和苏联人民十分关心他和他的科学研究工作，给了他无微不至的关怀和帮助。此时，他的青春虽已逝去，但他却精力充沛地开始了科学研究的新阶段。他要通过努力工作，尽早拿出研究成果。为此，他珍惜着分分秒秒的时间。1926年，他修改发表了《利用喷气仪器研究宇宙空间》一书。1929年，他写了《宇宙火箭列车》一文，提出了多级火箭的设想，最终解决了宇宙飞船脱离地球所需速度的问题。十月革命以后的18年中，他写了450篇论文，发表之后，受到了科学界的高度重视。1919年，他被选为社会主义研究院（即前苏联科学院）成员。1932年，苏联科学院特地为他举行了75周年诞辰和学术活动60周年纪念会，并邀请他访问了莫斯科。他还曾被授予劳动红旗勋章。

1932年9月，他接受了苏共中央的任命，担任了建造同温层高空气球的总指挥。经过一年时间的紧张工作，他出色地完成了任务，同温层高空气球试飞成功。1935年9月29日22时，齐奥尔科夫斯基的心脏停止了跳动。对齐奥尔科夫斯基的不幸逝世，人们悲痛万分。前苏联政府发了讣告，对他的一生和他对人类作出的巨大贡献，作了高度的评价。人们在他的坟墓周围放满了鲜花。一座大理石墓碑高耸墓前，墓碑的正面是宇宙火箭的浮雕，背面刻着他的一句名言：

"人类不会永远停留在地球上。"

◎ 狄塞尔

狄塞尔（1858—1913 年），柴油机之父。1858 年 3 月出生在法国巴黎，父母是在法国打工的德国工人。法德交恶后，狄塞尔一家被驱逐回德国。家庭的生活也随之困难起来。但小狄塞尔学习勤奋，后进入慕尼黑工业大学学习。1879 年，狄塞尔大学毕业后当上了一名冷藏专业工程师。在工作中，狄塞尔深感当时的蒸汽机效率极低，萌发了设计新型发动机的念头。

狄塞尔

在积蓄一些资金后，狄塞尔辞去了制冷工程师的职务，自己开办了一家发动机实验室，专注于开发高效率的内燃机。当时尼古拉斯·奥托发明的点火式内燃机已较成熟，但燃料是煤气，储存携带均不方便。狄塞尔决定选用植物油来解决机器的燃料问题。因植物油点火性能不佳，狄塞尔决定提高内燃机的压缩比，利用压缩产生的高温高压点燃油料。后来，这种压燃式发动机循环被称为狄塞尔循环。

后来，狄塞尔选择了本来用于取暖的重馏分燃油"柴油"作为机器的燃料。1892年，狄塞尔终于成功发明实用的柴油动力压燃式发动机。而后，狄塞尔立即投入到柴油机生产的商业冒险中。不幸的是，狄塞尔缺乏商业头脑，处于破产边缘。1913年夏天，狄塞尔在乘坐英吉利海峡的渡轮时失踪。

柴油机之父

制作发动机的机械技术专家狄塞尔曾说："仅仅有理论还不能说是发明。所谓发明，只能是经常实践着的理论。"毫无疑问，实践理论是发明的最重要阶段。许多发明家为此而付出了巨大的努力。狄塞尔非常理解发明的意义。他在巴黎林德制冰厂一边工作，一边埋头进行关于新的动力机的试验时所付出的巨大努力，远远超出了人们的想象。他当时写给妻子的信是这样说的：

"昨天，我6点钟离开了住处，一整天都在格鲁涅尔，在那里进行我的动力机的最重要的试验。我不得不一直干到深夜两点钟。工作中我再也支持不住了。由于过分疲劳，我眼前变成了一团漆黑。我只好坐在椅子上休息了半个小时，喝了一杯葡萄酒。这样才坚持把实验做

到底。在试验中，我的脚痛起来，无法行走，雇了辆马车才回到家。"

这是狄塞尔29岁时的事情。29岁正是人生中最富于活力的时代。不过，像他所说早晨6点钟离开家，一直试验到深夜2点钟，能有如此坚强体魄的人还是少见的。从这封信中，人们会了解到狄塞尔那种吃苦耐劳的精神。

狄塞尔自幼就患头痛病，在发明狄塞尔发动机的艰苦过程中，他的这个老毛病常常发作，这加大了他搞发明创造的困难。由于狄塞尔坚持不懈地努力，5年之后他取得了狄塞尔发动机的专利。为了使这种发动机运转成功，他又花费2年的岁月。

鲁道夫·狄塞尔，1858年出生于巴黎，父母都是德国人。狄塞尔的家庭世代都是工匠，他的父亲特道鲁在1848年大革命时期渡海去美国，不久又回到欧洲。狄塞尔出生时，特道鲁在巴黎经营一家摩洛哥的皮革制造厂，生活并不富裕。狄塞尔从小就在学习之余帮助家里干活。他还有一个姐姐叫路易斯，一个妹妹叫艾玛。

狄塞尔全家在德国时信奉新教，到了法国入了天主教派。在学校和宗教活动方面，狄塞尔总感到有点寂寞。也许是受到这种影响，少年时代的狄塞尔总是沉默寡言。可是另一方面，他却又富于幻想，好奇心很强。父亲虽对经商不甚精通，但在天文和哲学方面却有很深的造诣。他深受卢梭《爱弥儿》一书的影响，并想以这种思想教育自己的孩子。

在巴黎，狄塞尔一方面生活在世界文化中心，另一方面作为一个异国人，家境贫寒，环境复杂，又深感世态炎凉，而这一切给了他一生莫大的影响。从10岁到12岁，狄塞尔常到位于塞瓦斯托波尔广场

的古老教堂去玩耍，因为这里有附属于教会的技术博物馆。每次看到陈列在那里的汽车和船舶模型以及蒸汽机、风车、物理实验装置时，狄塞尔的内心就会感到无限的惊奇和喜悦。尤其是1769年克诺发明的蒸汽自动车，给了他极为深刻的印象。而且，来这座古老陈旧的博物馆参观的人很少，狄塞尔可以静静地观察、监摹这些展品，以至流连忘返。

在新教的学校里，狄塞尔以优异的成绩毕业，然后进入了高一级的学校。1870年7月19日，普法战争爆发，企图重建德意志帝国的普鲁士军队立即越过边界，攻陷色当城，向巴黎进军。在巴黎的大街小巷到处贴有告示，其中说："凡属直接与法国打仗的国家的居民，若无巴黎官方发放的居留许可证，一律限在三天内离开。"

狄塞尔的家庭想获得居住许可证，但这是根本不可能的。事态日趋恶化。9月，巴黎街头又出现了如下告示："德国人无论如何必须在24小时之内撤离巴黎。如果不服从这一命令，必将被捕，受到严厉惩处。"狄塞尔一家老小五口人，急急忙忙带着随身物品逃往英国。

在伦敦，他的父母决定托人找工作。好不容易才安顿下来，狄塞尔进了英国的学校。可是生活很不安定。父亲又决定把狄塞尔托付给住在德国奥格斯堡的亲戚巴尔尼克尔教授。在伦敦逗留的不长一段时间内，12岁的狄塞尔得以有机会到科学博物馆和南肯辛顿的博物馆，参观陈列在那里的机械展品。工业发达国家英国的机械展品进一步点燃了狄塞尔对机械的热情。

在父母的祖国上学

1870年11月9日，狄塞尔只身离开伦敦，踏上了去奥格斯堡的旅途，8天之后抵达目的地。狄塞尔寄宿在亲戚家里，13岁进入当地的工业学校。奥格斯堡是一个古老的工业城市，当时德国又在向着新兴工业国的目标前进。因此市民都愿意进入工业学校，学生也非常用功。狄塞尔思念在遥远的伦敦生活的双亲和姐妹，他靠着写信和埋头学习来消除他的寂寞情绪。

在工业学校学习3年之后，狄塞尔升入新设的高等工业学校。这所高等工业学校注重实验和学习，在当时是一所独具特色的教育机关。据狄塞尔写给父母的信说，他在这里经常做物理学实验，在机械实习工厂里，有木头、钢铁等材料和旋床等工具，也可以自由使用。狄塞尔的公民权在法国，因此他无法享受德国的奖学金。校长认为他很有前途，从而破例使他获得了奥格斯堡的奖学金。1875年，狄塞尔以优异成绩从高等工业学校毕业。他想接着进入慕尼黑工业大学。然而由于得不到父母在经济上的支持，他不得不考虑就业的问题。

正当狄塞尔举棋不定的时候，慕尼黑工业大学的创立人鲍威尔伦范德教授来奥格斯堡高等工业学校视察。当他了解到狄塞尔取得了建校以来最优秀的成绩时，感到很高兴，马上对狄塞尔进行口试，他看

出狄塞尔是一位大有前途的好青年。于是提出保证，在以后的两年内向狄塞尔提供 500 盾的奖学金。这样，狄塞尔就完全不需要担心学费问题了。

狄塞尔进入工业大学不久，写信给他的父母说："至于我的学费，请不要担心。从今天起，我格外地富裕起来。因为我享受了特别奖学金，而且还有三家请我去当家庭教师。不久，我就可以给父亲寄钱了。将来我要赚钱，开办父亲向往的工厂，我还要计划抛弃过去那种手工业式的方法，使用机器，连续不断地进行生产。现在各地工厂都采用了机器，制造完全相同的产品，手工制作的产品已经不吃香了。打个比方说，一个人一天做一件产品，机器一天可做十件。不过，这需要资本。我决心要成为这种机器的发明者……"

父亲的回信是这样写的："亲爱的鲁道夫：从来信可以看出，你是非常幸福的。但是不能因此而梦想成为百万富翁，或者冒充有钱。无论到什么时候，你都要靠尽最大的努力使自己的精神获得幸福。只要精神上获得幸福，不管生活多么贫穷，也都不值得大惊小怪，我并不是为了成为富翁才去干新的工作的。我是想靠新的工作寻求自己爱好的新的活动天地。我认为，如果因此而使我的生活比以前更快活，那我就心满意足了。总而言之，最重要的是在自己的一生中，尽最大的努力有所作为。这才是真正的幸福。"

在慕尼黑工业大学，卡尔·林德教授担任理论机械学的课程。林德在 19 岁时就发明了空气的液化法，此外还是热力机和冷却机方面的权威，当时已是个名人。一次他在上课时讲解蒸汽机的原理，介绍说由燃料供应的热仅有 7% ～ 10% 是干了正经的工作，作为一种机器，

它并不是一种完全的热力机。他主张："能够最多地利用热能的是符合卡诺循环理论的机器，应该进行研究提高热的利用率。"听到这些，狄塞尔便下决心研究能否把等温变化应用到实际中去。

关于热理论，他在日记中写道："热的机械理论认为，包含在一个物体内的热只有一部分去作外部工作。因此，在我们用 1 公斤煤炭产生 7500 卡的热量的情况下，从原理上说，作为外部动力能再次得到的，仅有很小一部分。但也不是说应用蒸汽或者一般的混合物是根本错误的。这将导致考察如何不用介质直接把 7500 卡热量转化为动力的问题。至于怎样在实际上做到这一点，则要靠发现。"狄塞尔已经开始认真考虑直接把热变为动力的问题。至于机器的形态，他还没有具体的构思，但从整体上说，他已经走上正确的方向。当时他才 20 岁。

研制小型动力机的决心

1880 年，大学毕业的狄塞尔从 5 月份开始在巴黎的林德制冰机厂工作。这里制作的制冰机是林德教授发明的，他在这种机器上，应用了新的化学理论，效果很好。狄塞尔的工作是负责这家公司的制冰设备。一年之后，他成为这家工厂的负责人。这家工厂的产品之所以获得好评，原因是当时使用自然冰的用户可以简便地，而且在街上制作比自然冰还要优质的冰块。

狄塞尔听了林德教授的课，曾经梦想制造一种可减少煤炭浪费、高效率工作的新热力机。对于狄塞尔大学毕业后从事制冰机器的生产，也许有人会感到不可理解。其实，制冰机和热力机在原理上仅仅是热流方向相反而已。因此狄塞尔作为制冰厂的技术人员，在生产第一线劳动，对他的将来是大有裨益的。

　　狄塞尔在工厂里不仅搞技术工作，还要负责产品的推销活动。他原想拒绝做这部分工作。但工厂厂长对他说："要推销冷冻机，就必须由你这样精通技术的人去宣传，否则产品就没有销路。"既要搞技术，又要搞推销，狄塞尔每天忙得不可开交。如前所述，在青年狄塞尔的心中，经常考虑的是改良蒸汽机，千方百计提高它的效率。这不仅由于当时蒸汽机已是大放光彩的机器，而且因为他没有忘记林德教授讲课时说的话。

　　他抓住一切空闲时间思考问题，可是他无法得到足够的实验费。关于这些，狄塞尔曾经这样回顾说："当时，我虽然研究过这个问题，但是没能取得什么成绩。不过那时候的实验与思考对我的将来产生了很大影响。"狄塞尔设想了种种方案进行研究。他还了解社会的动向，考虑工业界的需求。他的热情在燃烧，决心发明一种新的动力机。他分析了当时的情况，看到随着工业的发展，蒸汽机的马力也在突飞猛进地增加，燃料的需求量也越来越大。这样发展的结果，马力大的蒸汽机就能干较多的工作，产品的单价也就能降低。这些企业同使用小型蒸汽机的企业之间就拉开了差距，小生产者的处境越来越不利。狄塞尔认为，对小型动力机的需求大于对大型蒸汽机的需求，研制这种动力机更为重要。这样，他放弃改良蒸汽机的打算，产生了要研制小

型发动机的新念头。

1881年9月24日，狄塞尔取得了瓶式制冰机的专利。接着，10月24日他又在透明冰制法上取得了新式机器的专利。在法国，人们喜欢使用狄塞尔发明的瓶式制冰机。一部分制冰机有冷却结构，因此任何家庭都可以用来冷却饮用水。后来，狄塞尔又结交了奥格斯堡的一家机器制造厂厂长海因里希·布茨，关系十分密切。两人计划在布茨的工厂里建设制造透明冰的试验装置。狄塞尔到了奥格斯堡，制造和试验他设计的制冰机。1883年，狄塞尔在巴黎的制冰厂完成了新的透明冰制造装置，结果并不理想。于是，他夜以继日地埋头钻研，改良这种制透明冰的机器。

1883年11月24日，狄塞尔在慕尼黑同玛尔塔结婚，然后又回到巴黎制冰厂。战后，法国人对德国没有好感，狄塞尔又同德国女人结了婚，他更加需要小心翼翼地同周围的人打交道。由于这种缘故，狄塞尔无论是在工作上还是在精神上都不怎么舒畅。在这种思想苦闷的情况下，狄塞尔对动力机的关心却是有增无减。这时以奥托的煤气机为基础，相继出现了载姆勒的石油动力机等项发明。1889年5月，巴黎举办了盛大的万国博览会，那座有名的艾菲尔铁塔就是这时建立的。狄塞尔展出了自己发明的林德式冷却机。借这次博览会的机会，狄塞尔作为唯一的德国人就冷却机和制冰机及其应用范围等在会议上发表了讲演。与会者对他的讲演毫无反应。狄塞尔认为这是因为自己不受法国人的欢迎。于是，他在1890年2月21日借机离开法国而移居祖国德国的柏林。

发明狄塞尔发动机

狄塞尔研究的动力机与蒸汽机不同，是要在动力机的汽缸内提高空气温度，以此推动动力机。他的这项研究的出发点是要从根本上节约燃料。如果燃料燃烧和作业都在动力机汽缸内部进行，那么就不需要蒸汽机用的锅炉了。他想到这一步，但这又和已经由奥托实现了的方法雷同。于是，狄塞尔进一步发展自己的想法，思考出了同奥托发动机不同的燃烧方法。

奥托发动机的结构是，把空气和气体或液体燃料的混合物，吸入汽缸内加以压缩，然后再用点火装置点火。狄塞尔发动机则是把空气压缩到奥托发动机的4~8倍，利用因此而升高的温度产生动力。把燃料吹入因压缩而变成异常高温的空气中，无需点火装置，燃料便自燃点火燃烧。用这种方法，不会因喷射燃料而增加压力，也不会像奥托发动机那样发生爆发，燃料可以在极为平静的状态下燃烧。

在燃料方面，与奥托发动机不同，狄塞尔发动机使用柴油。因此两者形相似而想法截然不同。为了一气呵成把这种发动机构思出来，狄塞尔高度集中精力，苦思冥想。有志于发明耗能低的新动力机的狄塞尔经过12年的努力，终于要获得成功了。1892年2月28日，狄塞尔取得了《燃烧动力机的作业方式及实行方法》的专利。这是德国关

于狄塞尔发明的狄塞尔发动机的第一项专利。

正是这项发明，继瓦特发明蒸汽机之后，又在技术发展历史上书写了光辉灿烂的篇章。接着，1893年1月，狄塞尔又写了《合理的热力机及其构造》一书，对狄塞尔发动机作了理论上的考察论证。这篇文章宣传了狄塞尔发动机的优点。这一年11月，他取得了第二项专利，狄塞尔发动机日臻完善了。

专利的有效期限为15年。一旦要把理论变成产品，就不那么简单了。经过狄塞尔的多方奔走，克虏伯集团的埃森机制制造厂和奥格斯堡公司才决定联合制造狄塞尔发明的动力机。狄塞尔于1893年4月10日，狄塞尔向奥格斯堡公司转让了在德国拥有的专利的一切权限，向克虏伯转让了他在奥地利和匈牙利的专利权。这样，两家公司联合出资，在奥格斯堡建立了实验室。

这一年的七八月间，通过反复实验，狄塞尔终于确认新的动力机在把燃料喷射到经过压缩的高压空气中时能够自燃点火。后来又经过多次实验，纠正了新的动力机的一些缺点，制造可实际应用的动力机已有了些眉目，也就是说能够决定汽缸的大小、形状以及所需要的动力机的体积了。狄塞尔立即设计出经过改良了的动力机，加紧绘制设计图。

第二号动力机是在1894年完成的。可是这时的狄塞尔发动机很难实现自动运转。在继续进行实验的过程中，狄塞尔有一次无意中发现，由皮带带动的动力机出现了排气现象。助手林达负责掌握柴油注入阀，皮带原来绷得很紧的地方松弛了；而原来松弛的地方却绷紧了，过去是通过皮带传送力推动动力机运转，这时却是动力机的力量开始

带动皮带了。就这样，狄塞尔发动机开始自动运转了，时间是1894年2月17日。实用性的狄塞尔发动机就此诞生。

1895年5月，功率为14马力的第三号狄塞尔发动机完成了；6月，发动机功率进一步提高到23马力。1897年2月，狄塞尔用柴油做燃料试验，取得了空前未有的好成绩。1897年完成的四冲程动力机，具备了现代的狄塞尔发动机所需要的各种要素，这是第一台真正意义上的狄塞尔发动机。这一年狄塞尔整40岁。从此以后，狄塞尔的工作就是向全世界推广狄塞尔发动机。

1898年，狄塞尔设立了狄塞尔发动机联合股份公司，公司设在法国的斯特拉斯堡，通过同美国洽谈技术转让问题后，双方决定狄塞尔发动机在比利时制造。同英国的洽谈是在格拉斯哥进行的，双方决定从试验狄塞尔发动机做起。这时负责试验的是英国的物理学家、以热动力机的理论家闻名的罗伯特·开耳芬。试验结果良好，在开耳芬的推荐下，狄塞尔同米尔利尔沃森耶扬公司签订了合同。

从此，狄塞尔收入可观。其间虽几经波折，狄塞尔发动机的声望毕竟越来越高了。霍洛兰德把600马力的狄塞尔发动机安装在潜水艇上，延长了潜水艇的续航距离，并且提高了发动机的其他性能。1901年，狄塞尔在慕尼黑建造了豪华讲究的住宅，来访者每天络绎不绝，门庭若市。狄塞尔发动机开始应用在船舶上。1912年，第一艘狄塞尔发动机轮船——丹麦的"泽拉迪亚"号问世。一年以后，安装狄塞尔发动机的船舶已超过数百艘。

1912年10月26日夜晚，狄塞尔为参加新设在英国的狄塞尔发动机制造厂举行的会议，乘火车离开了法兰克福。为他送行的，只有他

的儿子欧根一人。10 月 29 日晚，狄塞尔乘船离开安特卫普港。他乘坐的是经英国哈里季去伦敦的"多勒斯登"号轮船。狄塞尔的悲剧就发生在这艘船上。10 月 20 日早晨，狄塞尔失踪了。他在夜间消失在英吉利海峡。是自杀，还是死于事故？至今还是一个谜。

◎ 居里夫妇

居里夫人（1867—1934年），法国物理学家和化学家，原籍波兰。1891年到巴黎大学学习获得物理学学士学位，后又获得数学学士学位。1895年和皮埃尔·居里结婚，共同研究放射现象，决定寻找与铀有同样性质的其他物质。1898年，他俩发现钋和镭两种元素。1903年，居里夫妇共同获得诺贝尔物理学奖。1906年，她接任皮埃尔在巴黎大学的物理学教授位置，成为该校第一位女教授。1910年，她发表关于放射

居里夫妇

性的重要论文，并制取金属态的纯镭。1911年，获诺贝尔化学奖。1934年7月4日，居里夫人逝世。

居里（1859—1906年），法国物理学家，近代放射性物质和原子结构研究的奠基人之一。1859年5月15日出生于一个医生家庭。16

岁入巴黎大学主修物理。19 岁任巴黎自然科学学院助教和实验指导员。1880 年发现晶体的压电现象。1891 年发现磁性物质的失磁温度——居里点和居里定律。在贝克雷尔关于铀放射现象研究的启发下，居里夫妇经过艰苦努力，终于发现了钋和镭，从而为打开原子世界的秘密作出了划时代的贡献。1903 年获诺贝尔物理学奖。1906 年 4 月 19 日在巴黎街头被马车撞倒，不幸去世。

居里夫人的三克镭

　　1920 年 5 月的一个早晨，美国记者梅洛尼夫人几经周折，终于在巴黎实验室里见到了镭的发现者。端庄典雅的居里夫人与异常简陋的实验室，给这位美国记者留下了深刻的印象。此时，镭问世已经 18 年了，它当初的身价曾高达 75 万金法郎。美国记者由此推断，仅凭专利技术，应该早已使眼前这位夫人富甲一方了。

　　但事实上，居里夫妇也正是在 18 年前就放弃了他们的权利，并毫无保留地公布了镭的提纯方法。居里夫人的解释异常平淡：“没有人应该因镭致富，它是属于全人类的。”梅洛尼夫人困惑不解地问：“难道这个世界上就没有你最想要的东西吗？”“有，一克镭，以便我的研究。可 18 年后的今天我买不起，它的价格太贵了。”

　　这出乎意料的回答，使梅洛尼夫人既感惊讶又非常不平静。镭的提纯技术已使世界各地的商人腰缠万贯，而镭的发现者却困顿至此！她立即飞回美国，打听出一克镭在美国当时的市价是 10 万美元，便先找了 10 个女百万富翁，以为同是女人又有钱，她们肯定会解囊相助，万万没想到却碰了壁。这使梅洛尼夫人意识到，这不仅仅是一次金钱的需求，更是一场呼唤公众理解科学、弘扬科学家品格的社会教育。于是，她在全美妇女中奔走宣传，最终获得成功。1921 年 5 月 20 日，美国总统将公众捐献的一克镭赠予居里夫人。

数年之后，当居里夫人想在自己的祖国波兰华沙创设一个镭研究院，治疗癌病的时候，美国公众再次为她捐献了一克镭。一些人认为，居里夫人对待镭的态度固执得让人难以理解，在专利书上签个字，所有的困难不是可以解决了吗？居里夫人后来在自传中回答了这个问题："他们所说的并非没有道理，但我仍然相信我们夫妇是对的。人类需要善于实践的人，他们能从工作中取得极大的收获，既不忘记大众的福利，又能保障自己的利益。但人类也需要梦想者，需要醉心于事业的大公无私。"

居里夫人一生拥有过三克镭，她把研究出的第一克镭给了科学，公众则把第二克镭和第三克镭回赠给了她。这三克镭展示了一个科学家伟大的人格，以及由此唤起的公众对科学的理解。

打开原子世界的秘密

1921 年 5 月，远洋轮船"奥林匹克号"缓缓靠近了美国的海岸城市纽约，码头上穿着节日盛装、挥动着花束的欢迎人群，顿时沸腾了。鼓乐齐鸣，美国、法国和波兰的国旗，冉冉升起。一幅幅巨大的欢迎标语，用三个国家的文字写着："欢迎您，人类的造福者。"这是一个激动人心的时刻。

从甲板上走下一位伟大的学者。她，脸色苍白，身体瘦削，金色的美发已变成了银灰色，但两眼却射出睿智的光芒。她，就是镭的发现者之一，举世闻名的物理学家居里夫人玛丽。镭，是一种放射性元素。镭的发现，轰动了全球，给物理学带来了革命，给人类带来了幸福。可是，发现镭的居里夫妇，却没有获得任何物质利益。现在，为了取得一克镭，进行科学研究，居里夫人还不得不前来美国，接受美国人民的馈赠。

说来话长。那是一年前的一个早上，玛丽在她的实验室里，接见了一位美国的著名女记者梅洛尼夫人。在亲切的交谈中，梅洛尼夫人提到了"专利权"问题。在她看来，发现镭的专利，应该使玛丽成为百万富翁，可居里夫人的实验室，却简陋得使人意想不到。对此，玛丽回答道："镭是一种元素，它是属于全世界的，个人无权由镭致富。"听了这样的回答，梅洛尼夫人很是激动，便问道："那么如果把世界上所有的东西任你挑选，你最愿意要什么？"玛丽答道："我很需要一克镭，进行科学研究。可它的价钱太贵了，我买不起。"

镭的发现者，提炼出了纯净的镭，到头来，却被一克镭难倒了。这是开玩笑吗？不，这是实实在在的事实。前几年，居里夫妇付出了巨大的心血和劳动提炼出来的唯一的一克镭，早已捐献给镭学研究所，用于医疗事业，抢救病人。现在，她再想得到一克镭，却要花上10万美金呀！梅洛尼夫人了解到真情以后，回到美国。她想找10个有钱的女财主，劝她们每人出1万美元，凑起来在美国购买一克镭，赠送给居里夫人。因为镭的秘密传到美国后，当时在美国已生产了50克镭。可是，那些女财主都是些守财奴，事情没有办成。梅洛尼夫人便组织了一个委员会，发动妇女们捐募"镭款"。不到一年，款凑足了，她高兴地写信告诉玛丽："你的需要可以满足了，镭是你的了。"这次玛丽从法国来美国，就是来接受这份赠礼的。

对这次的美国之行，居里夫人感慨万端，她甚至质问自己：难道我们不要专利权，放弃这笔财富是对的吗？她在自己的日记中，又回答了这个问题："尽管如此，我仍然深信我们做的是对的。"她写道："毫无疑问，人类需要讲究实际的人，这种人能从他们的工作中取得最大的利益，在不忘记大众福利的同时，仍能维护自己的个人利益。然而，人类也需要幻想家，这种人醉心于发展一种大公无私的事业，因而无暇关心自己的物质利益。"居里夫人正是这样一位献身于科学事业，而无暇关心自己的物质利益的伟大学者，伟大的人。

"知识是夺不走的"

居里夫人，原名玛丽·斯可罗多夫斯卡，1867年10月7日诞生在波兰华沙的一个知识分子的家庭里。玛丽生不逢时，她的童年是在民族的屈辱中度过的。她的祖国波兰，被普鲁士、奥地利和沙皇俄国所分割，华沙归俄国统治。从上小学开始，她就要念俄国书，讲俄国话，忍受俄国督学的凌辱。

有一天，玛丽刚刚在她的座位上坐好，那个名叫霍恩堡的俄国督学就走进了课堂。玛丽恐惧地把脸转向窗口，暗暗地祈祷着："我的上帝，千万不要叫我，不要叫我……"怕叫她，却偏偏听到叫她的名字。她站起来了，一种可怕的耻辱感塞满了她的胸膛。"背诵你的祈祷文！"霍恩堡命令着。

玛丽用流利的俄语，毫无表情地、正确地背诵了一遍。"由加撒林二世起，统治我们神圣的俄罗斯的皇帝是哪几位？""加撒林二世，保罗一世，亚历山大一世，尼古拉一世……"霍恩堡满意了。"把皇族的名字和尊号说给我听！""女皇陛下，亚历山大太子殿下，大公殿下……"玛丽按课本上讲的顺序说完了一长串名字。

霍恩堡笑了。"沙皇在爵位品级中的尊号是什么？""陛下。""我的尊号是什么？""阁下。"霍恩堡高兴极了。他沉浸在一种统治者洋

洋自得的快活之中，并没有注意观察回答问题的孩子的惨白的痛苦的脸色。他又问到："谁统治我们？"教室里一片沉寂。"谁统治我们？"霍恩堡吼叫起来。

玛丽痛苦地看了看站在那儿的老师。只见老师低下头去，神色不安地注视着一本点名册。"谁统治我们？""亚历山大二世陛下，俄罗斯的皇帝。"霍恩堡这才略一点头，起身走开了。"到这边来，我的孩子。"玛丽离开座位，走到教师面前。这位女教师，什么话也不说了，只是吻她的前额，滚烫的泪，落在她的脸上。她再也不能自制，扑在老师的怀里，呜呜咽咽地哭了起来。

民族的屈辱深深刺痛了这个波兰小姑娘的心灵。回到家里，她饭也不想吃了。她的爸爸斯可罗多夫斯基，是个中学数学和物理教师，很有知识，会八国语言，还爱好文学和诗歌。他一面安慰玛丽，一面对她说："金钱、土地，可以被侵略者抢走，民族自尊心可以被蹂躏，亲人可以被流放、处死……但是知识是永远夺不走的。"他希望子女们重视知识。他说："罗马征服了世界，但希腊文化征服了罗马。"从此，一颗热恋祖国的种子，一颗求知的种子，深深埋进玛丽幼小的心灵里。

不向命运低头的女子

　　强烈的爱国心，强烈的求知欲，使玛丽提前一年从中学毕业。凭她的天资和毅力，凭她的优异的学业成绩，大学的门本应该朝她开着。但是，命运是这样的无情：沙皇有令，不准波兰的妇女在国内上大学。要学习，要深造，只能出国。这需要一大笔学费，钱从哪里来？17岁的玛丽不向命运低头，她决定：离开繁华的华沙，离开温暖的家庭，到偏远的乡下去，做一个家庭教师，一边攒钱，一边自学，然后再到国外报考大学。

　　1886年1月1日，她依依不舍地向父亲告别，到别人家去当家庭教师。到一个陌生的地方去，对她来说，还是平生第一次。为了摆脱孤独的折磨，她当了家庭教师以后，就把她的时间表排得满满的。她借来了大批的数学、物理学、化学、社会学和文学方面的书籍，拼命地阅读，在自学的路上奋力攀登。

　　玛丽苦苦地熬着，足足熬了4年，终于用她一个卢布一个卢布积攒起来的钱换来了在大学听课的权力——成为巴黎大学的一名学生。1891年9月的一天，她买了一张最便宜的四等车厢的车票，从华沙坐火车到了巴黎。

　　三年的大学生活，她是在七层楼上一间狭小的阁楼里度过的。阁

楼里，只有一张折叠式的铁床，一张小桌子，一把椅子，还有一盏煤油灯。就在这盏小小的煤油灯下，玛丽贪婪地吸取着知识的营养。1893年，她出色地通过了物理硕士考试，获得硕士学位；第二年，又获得了数学硕士的学位，开始独立研究金属的磁性。对这间简陋的小屋，她是很有感情的。她曾给自己写下这么一首短诗："她孤独地生活着，默默无闻，享着清福，因为她在她的小屋子里找到了使她的心感到满足的热诚……但是这种多福的时期慢慢消失，她必须离开科学的领域去为衣食奋斗，踏上生活的灰色路途。"

她是多么担心走向生活以后的未来呀！但是，这种庸庸碌碌的"为衣食奋斗"的"灰色路途"，她避开了。因为在生活的道路上，她结下了一位志同道合的伴侣。这个伴侣，就是皮埃尔·居里。皮埃尔·居里，是一个天才的法国学者。个性倔强，性格"古怪"，35岁了也从来没有爱过任何女人。他说过："既然我们已经献出了自己，献给那脱离尘世的深深吸引着我们的科学事业，那我们就应该同女性作斗争。"

他要求自己与外界完全隔绝。他说："像我这样软弱的人，若要使我的头脑不随四面八方的风飘荡，不遇着极小的一口气吹来就动摇，那就必须使我周围的东西完全静止，或是使我自己像一个嗡嗡响的陀螺一样地急速旋转，使外物不能侵入。"但是，这种独身主义，这种与世隔绝的极端态度，在玛丽面前，土崩瓦解了。

因工作的需要，他们互相认识了。谁也不曾料到，初次的交谈，就深深显示出了他们两人在思想、情趣上的完全一致。当时，玛丽正在埋头研究金属的磁性，居里那儿正好拥有玛丽所需要的实验室。在

他们共同从事的科学研究工作中，一颗爱情的种子不知不觉地萌芽了，皮埃尔·居里不能不正式向玛丽求婚了。1895年7月，一个风和日丽的日子，玛丽和皮埃尔举行了"一切从简"的婚礼。他们在凉爽的庭院里，和亲友们对饮了几杯甜甜的葡萄酒，就骑着自行车下乡度蜜月去了。归来后，他们一起进了实验室，肩并肩地向科学这座神秘的宫殿走去。

揭开放射性现象的奥秘

居里夫妇同心协力进行的第一场科学"攻坚战"，就是揭开放射性现象的奥秘。这是一场艰难的战斗，是走前人没有走过的新路。1897年，年轻的玛丽准备考博士学位，她需要选择一个写博士论文的题目。她翻阅了科学院的材料，看到了年轻学者柏克勒尔公布的一份实验报告。其中提到他在研究铀盐的时候，发现了一种射线，和伦琴射线（就是X光）一样，能对感光胶片和验电器起作用，不同的是，这种新发现的射线是自发产生的，不需要任何外界刺激。于是，玛丽决定研究这些射线的性质和来源，以此作为自己博士论文的题目。

当时，玛丽已经做了妈妈，她的大女儿伊伦出世了。家务是繁重的，但她的科研工作丝毫没有受到影响。经过几周的研究，她作出了一个大胆的假设：有一种放射性很强的新的元素，隐藏在沥青铀矿石

中。她决心去寻找这种新元素的踪迹。玛丽的这一重要假设，引起皮埃尔极大的兴趣。他停止了自己的晶体研究工作，和玛丽一起投入了这场新的"战斗"。

在巴黎洛蒙街的一个破旧的工棚里，他们穿上被化学药液腐蚀了的工作服，在熏人的烟雾中，从沥青铀矿石中，寻找着那个含量还不到百万分之一的新元素。他们像警察追捕犯人似的，在所怀疑的某个区域内，"挨门逐户"地搜索。花了将近一年的时间，他们终于发现，躲藏在沥青铀矿石中的"犯人"，不是一个，而是两个。到1898年7月，他们分离出了其中的一个。

"你应该给它定一个名字。"皮埃尔对他的夫人说。玛丽安静地想了一会，她的心飞回了自己的祖国。"把这个新发现的元素定名为'钋'吧！"因为拉丁文"钋"的词头和波兰国名的词头一致，藉以纪念她的祖国。皮埃尔欣然同意了妻子的提议。"钋"被发现了。另一个未知的元素——后来他们定名为镭——隐藏得更隐蔽。要把它从沥青铀矿石中分离出来，需要加工几吨重的矿石。而这种矿石是稀有的，价格高昂。在欧洲，当时只有捷克才有。就他们的收入来看，要完成这项科学研究，根本办不到。

怎么办呢？天才的想象力帮助了这两位科学家。他们推测，从沥青铀矿石中提取了铀以后，他们要寻找的那个新元素还会存留在矿渣中。这种废弃的矿渣，在捷克堆满了荒地。于是，他们经过维也纳科学院的帮助，弄到了几吨废矿渣。就是这样，他们也花掉了全部存款，变卖了所有值钱的家当。

矿渣到手了，新的实验又开始了。没有助手，也没有机械，全靠

繁重的体力劳动。玛丽回忆起当时的工作情况，曾这样写道："我每一次炼制 20 公斤左右的材料，就要使整个工棚塞满了装溶液和沉淀渣滓的大罐子。搬动容器，倾倒溶液，在铁锅边一连几小时地搅拌溶浆，可真不是一件容易的事……为了不中断重要的实验，我经常就在小铁炉旁做点饭吃。有时候我一整天都在院子里搅拌煮沸的溶液，使用的搅拌棍跟我的个子一样高。到傍晚，我累得连站也站不住了……尽管工作是艰苦的，但是我们都觉得很幸福。我们完全被迷住了，恍若置身梦境。"

是的，工作是艰苦的，又是幸福的。经过 1000 多天的艰苦劳动，他们终于提炼出一克纯镭。一天晚上，居里夫妇摸黑走进他们的实验室，去看望他们刚诞生的"小宝贝"。啊！光，多美的光！像蓝色的萤火，在夜的黑暗中闪耀着，闪耀着。"看哪，看哪，我们的'小宝贝'有多美！"玛丽说着，很谨慎地找到一把椅子，坐下来了。皮埃尔扶着她的肩膀，默默不语，只是用手轻轻地抚摸着妻子的长发。两个人静静地注视着那美丽的萤光，注视着那射线的神秘来源，注视着镭，他们所发现的镭！

镭的发现，不仅仅引起了全世界科学家们的轰动，而且引起了商人们的兴趣，因为镭的价值比金子高得多。但是，如何才能获得它，这个秘密只有居里夫妇才知道。有一天，皮埃尔收到一封来自美国布法罗市的信函。写信的人建议居里夫妇申请生产镭的专利权，垄断发明成果。信中说，这样做他们可以获得巨大的财富。皮尔看罢这封信，便去和玛丽商量，玛丽回答道："我们不能这样办，这是违反科学精神的。"那一天，正是星期日，他们作出拒绝"取得专利执照"的决定后，就骑上自行车，向郊外丛林中驰去。野游归来时，怀中抱满了野生的鲜花。花朵属于全人类，科学也应该属于全人类。他们毫无保留地向全世界公布了镭的秘密，包括生产镭的技术。

居里夫妇，厌恶私利的引诱，也厌恶荣誉、声望给他们带来的难以摆脱的烦恼。镭的发现，使居里夫妇一举成名。祝贺的，来访的，夺走了他们希望保存的唯一财富——沉思与安宁。他们甚至不得不视荣誉为"仇敌"，深居简出，躲到乡下去。他们躲开了宴请、会议、贺电、来访的扰乱。

1934年7月4日凌晨，玛丽与世长辞了。她穿着洁白的衣服，白发梳向后面。她的脸色那么平和，那么庄严。一双被镭烧得粗糙的手，僵直地伸在被单上，一动不动。她是一个最纯洁、最高尚的人。医生们宣布了对她死因的判断：夺去她生命的罪魁祸首，就是镭。她是像战士一样，牺牲在自己的岗位上，牺牲在为人类谋幸福的斗争中。

◎ 卢瑟福

卢瑟福（1871—1937 年），英国物理学家、化学家。1871 年 8 月 30 日生于新西兰纳尔逊的手工业工人家庭，毕业于新西兰大学。1895 年赴英国卡文迪许实验室当研究生。1898 年到加拿大任麦克吉尔大学物理学教授，这期间他在放射性方面的贡献极多。1907 年，卢瑟福任曼彻斯特大学物理学教授。1908 年因对放射化学的研究荣获诺贝尔化学奖。1919 年，卢瑟福任剑桥大学教授，并任卡文迪许实验室主任。

卢瑟福

19 世纪末，物理学上爆出了震惊科学界的"三大发现"：1895 年，德国伦琴发现了 X 射线，同年法国物理学家贝克勒尔发现了天然放射性，1897 年英国物理学家汤姆生发现了电子。这些伟大发现激励了卢瑟福，使他决心对原子结构进行深入研究。

卢瑟福是20世纪最伟大的实验物理学家之一，在放射性和原子结构等方面作出了重大贡献。卢瑟福确立了放射性是发自原子内部的变化，为开辟原子物理学做了开创性的工作。1912年，根据α粒子散射实验现象提出原子核式结构模型。1919年，卢瑟福做了用d粒子轰击氮核的实验，打出的一种粒子，卢瑟福将之命名为质子。卢瑟福还实现了人工核反应，即用粒子或γ射线轰击原子核来引起核反应的方法。1937年10月19日，卢瑟福逝世，与牛顿、法拉第并排安葬。

原子物理学的奠基者

　　欧内斯特·卢瑟福，著名原子核物理学家，1871年出生于新西兰一个英国移民家庭。从新西兰坎特伯雷学院毕业后，卢瑟福曾先后在英国剑桥大学卡文迪许实验室、加拿大麦克吉尔大学、英国曼彻斯特大学工作多年。1919年，他担任了卡文迪许实验室主任。1925年，他当选为英国皇家学会主席。

　　卢瑟福被称为"牛顿以后英国成就最突出的科学家"、"近代原子物理学的真正奠基者"。他发现了镭的两种辐射成分——α射线和β射线；他证实了原子核的存在，建立了"小太阳系"的原子模型。由于他在科学研究方面取得的突出成就，1908年，他荣获了诺贝尔奖。

但是，人们在提到卢瑟福的时候，不仅推崇他在科学研究方面取得的突出成就，更推崇他在培养人才方面作出的卓越贡献。他领导的科研集体，被人们亲切地称为"科学天才的幼儿园"。通过这"幼儿园"，他培养了世界第一流的两代物理学家。在他的助手和学生中，获得诺贝尔奖的就有下面这些人：

助手索迪，因发现放射性同位素，1921 年获诺贝尔化学奖；学生玻尔，因发展了原子结构模型，1922 年获诺贝尔物理奖；学生阿斯顿，因发明质谱仪，1922 年获诺贝尔化学奖；助手威尔逊，因发明云雾室，1927 年获诺贝尔物理奖；学生查德威克，因发现中子，1935 年获诺贝尔物理奖；学生哈恩，因发现铀裂变，1944 年获诺贝尔物理奖……

有人说，如果设立培养人才的诺贝尔奖，那么卢瑟福就是第一号候选人。卢瑟福识才、惜才、举才的故事，在科学界一直传为佳话。

"人要学会思考"

1919 年 4 月 2 日，汤姆生教授让"贤"了，推选卢瑟福继任了卡文迪许实验室主任的职务。当时，卢瑟福虽已成为一个赫赫有名的科学家，但他仍然是那样的和蔼可亲、平易近人。晚上，学生们常常到他家去，或是听他夫人弹钢琴，或是听他活泼愉快的谈话。卢瑟福常常坐在圆椅上，一边喝茶，一边给学生讲自己科研活动的经验教训，启发学生独立思考，鼓励学生走自己的道路。

一天深夜，卢瑟福看到实验室灯火通明，就信步走了进去。一个学生正俯身在实验台上干着什么，卢瑟福走上前去，问道："这么晚了，你还在做什么？""我在工作。"学生回答。"那你白天做什么？""我也工作。""你早晨也工作吗？""是的，教授。"学生谦恭地回答着，满以为会得到老师的表扬。

然而，卢瑟福稍稍沉吟了一下，却批评了他："可是，这么一来，你还有时间去思考吗？"学生心里感到委屈：你不也是一天到晚待在实验室里吗？甚至连你什么时候离开实验室，我们都说不准，那么你用什么时间来思考呢？后来，这位学生通过仔细观察，才发现：每天傍晚，不管实验工作进行得顺利还是不顺利，卢瑟福总是在走廊里踱步，有时还哼着《前进，基督的士兵》和《大干一场》等歌曲。那神情表明，他正在思考。

卢瑟福经常对学生说："不要死记硬背，也不要满足于做实验，而要学会思考；只有勤于思考和善于思考的人，才能猎取到知识，取得成就。"

"鳄鱼"的故事

1932 年，英国皇家学会的一个新实验室——蒙德实验室落成了。同卢瑟福一起工作了好多年的前苏联物理学家卡皮查，特地把英国著名艺术家埃里克·基尔请来，要他雕塑三个像：一个是出资兴建实验室的蒙德先生的像，一个是卢瑟福的像，再一个是一条鳄鱼的像。"为什么要雕一条鳄鱼呢？"有人好奇地问。

卡皮查解释说："鳄鱼象征着科学。鳄鱼是一种从不向后看的动物，像科学一样，它张开吞食一切的大口，不断前进。""鳄鱼还极为关心后代……"卡皮查这句话没有说完。他特意请艺术家雕塑鳄鱼像，还为了体现卢瑟福在科学研究上勇往直前的坚毅性格和呕心沥血关心后辈的精神。

从 1925 年起，卡皮查就在卢瑟福领导的卡文迪许实验室工作。在卢瑟福的悉心指导下，卡皮查获得了哲学博士的学位，但却把身体累垮了。卢瑟福得知后，慷慨解囊，让他去外地疗养；后来又发给他麦克斯韦奖金，帮助他完成学业。卡皮查在给母亲的信中写道："你不知道卢瑟福先生是多么伟大、杰出的人呐！他就像慈父一样，他对我的慈爱是无限的。"

1934 年，专为卡皮查建立的蒙德实验室落成不到一年，卡皮查回国参加一次会议，会后，前苏联政府没有再让他返回英国。卢瑟福立即写了封信，呼吁前苏联政府容许卡皮查回英国来，继续他的研究工作。前苏联政府复信回答说：英国当局当然希望卡皮查永远在那里工作，可是就他们来说，却欢迎卢瑟福教授能去前苏联工作。

卢瑟福没有丝毫民族偏见，在他看来，最重要的是卡皮查的科学生命，卡皮查必须继续进行已经有了良好开端的研究工作。因此，他派一个代表团把卡皮查所设计的仪器全部运到前苏联，保证他可以继续完成关于低温物理学的研究。1966 年，卡皮查重访英国时，伫立在蒙德实验室门前，凝视着那尊鳄鱼雕像和卢瑟福的雕像，深情地说出了 33 年前没有说完的一句话："在苏联，鳄鱼代表一家之父。"

"他几乎是我第二个父亲"

1911 年，卢瑟福开始了关于原子结构的研究。这个问题是原子迷宫的门锁，只有打开这把"锁"，才能启开原子迷宫的大门。卢瑟福首先精心研究了前人关于原子结构的设想；同时，为了把自己的结论建立在坚实可靠的基础上，他又在助手盖革的协助下，反复地进行了各种实验。

实验，思考，再实验，再思考……一天，卢瑟福终于想像出一副崭新的原子结构图案。他兴高采烈地跑进助手盖革的房间，大声叫道："我知道原子的模样了！它是一个小太阳系。""你具体地讲讲。"盖革焦急地说。稍停了一会儿，卢瑟福平静地说："原子应是一种空旷的结构，它的中心有个体积极小、质量极大并带正电的核，我们称它原子核……"

　　"这原子核就好比是太阳系中的太阳？"盖革插上一句。"是的，原子核是原子的中心，而电子所在的位置，相对核的大小而言是遥远的，它围绕原子核旋转，就像行星围绕太阳运转一样。"卢瑟福关于原子模型的科学推论，像一把金钥匙，打开了原子迷宫的大门。

　　第二年，丹麦青年物理学家玻尔来到卢瑟福的实验室。在卢瑟福的指导下，玻尔如饥似渴地汲取着新知识。通过学习和研究，玻尔发现卢瑟福的太阳系原子模型还有缺陷。可是，玻尔不敢向卢瑟福提出自己的见解，他怕老师生气。时间又过去了半年多，玻尔通过平时观察，看到老师非常乐意听取学生的不同意见，对青年科学家的意见和对老一辈科学家的意见同样的尊重。玻尔消除了顾虑，迅速把自己的意见整理出来，准备向老师提出来。

　　一天，卢瑟福正在做实验，玻尔找到了他，直截了当地说道："卢瑟福教授，我想跟你谈谈。对你的原子模型，我有不同看法。""什么？"卢瑟福既像惊喜又像恼怒的反应，使得玻尔不敢说下去了。卢瑟福已经放下了手中的实验，急切地等待着玻尔说下去，看着玻尔支支吾吾的样子，就笑着说："这几天我就预感到会有人向我'开炮'，小伙子，说吧。"

玻尔听了老师热情的话语，惶惶然的心情平静下来，他把自己的见解一古脑儿地全部说了出来："我认为电子可能处在原子核外几种稳定的轨道当中；每种轨道相当于一定的能极。当电子运动状态发生变化时，它从一个轨道跳跃到另一轨道；这个能级的变化就表现为辐射或吸收一定能量的光或热……"

卢瑟福听完玻尔的意见，高兴极了，他耸了耸肩膀，又热情地拍了拍玻尔的肩膀："你对原子结构模型作了重大发展，立了一功。"接着，卢瑟福指点玻尔进行进一步的研究，并嘱咐玻尔赶快把自己的研究成果写成论文交给他。1913年，玻尔回到祖国丹麦，被任命为哥本哈根大学物理学助理教授。3月，他把论文寄给了卢瑟福。卢瑟福对论文字斟句酌，多次提出修改意见。经过几次修改，最后，玻尔的论文经卢瑟福推荐，在《哲学杂志》上发表了。

玻尔的这一研究成果，震动了学术界。人们把卢瑟福的模型加上玻尔的理论，称为"卢瑟福玻尔原子模型"。玻尔因此于1922年获得诺贝尔物理奖。1932年9月，已是哥本哈根大学理论物理研究所所长的玻尔，邀请他的老师卢瑟福去讲学。在丹麦科学家欢迎卢瑟福的晚宴上，玻尔做了热情洋溢的发言，他说："卢瑟福教授无视一切清规戒律，没有媚上欺下的势利眼。他最乐于关心年轻的学生，只要有可能，就向年轻学生学习。他倾听年轻学生的意见，就像倾听一个公认的科学权威的意见一样。"

　　5 年后，也就是 1937 年的 10 月 19 日，看上去还很年轻的卢瑟福，竟急匆匆地走向了另一个世界。噩耗传到丹麦，玻尔悲痛欲绝地说："欧内斯特·卢瑟福，对我来说，几乎是我的第二个父亲。"为了纪念这位伟大的老师，他给自己最小的儿子起名为"欧内斯特"。

◎ 哈 恩

哈 恩

哈恩（1879—1968 年），德国化学家。1879 年 3 月 8 日生于法兰克福，1968 年 7 月 28 日卒于哥廷根。1901 年获马尔堡大学化学博士学位，1904 年去伦敦随拉姆齐进修，1905 年去加拿大蒙特利尔协助卢瑟福工作，1910 年任柏林大学教授，1912 年任威廉皇家化学研究所放射性研究室主任，1928 年任所长。哈恩早期的贡献主要是发现天然放射性同位素，为阐明天然放射系各核素间的关系起了重要作用。

20 世纪 20 年代初至 30 年代中期，他的研究重点是把放射化学方法应用于各种化学问题。哈恩最大的贡献是 1938 年和斯特拉斯曼一起发现核裂变现象。铀经中子照射后产生 β——放射性核素，他们鉴定核反应产物后肯定其中之一是放射性钡。为此，哈恩获得了 1944 年诺

贝尔化学奖。核裂变的发现使世界开始进入原子能时代。

哈恩不愿让纳粹政权掌握原子能技术，拒绝参与任何研究。1945年春，他和海森伯等几位原子科学家被送往英国拘禁。1946年初获释回德国后，担任威廉皇帝协会（1948年改名为马克思·普朗克协会）会长，1960年后任荣誉会长。1968年7月28日，哈恩病逝于哥丁根。

原子核裂变之父

人们都知道世界上最早的两颗原子弹是美国制造和爆炸的。但是很少人知道，原子核裂变这一震惊世界的秘密，则是德国科学家奥托·哈恩首先发现的。奥托·哈恩是德国早期的杰出化学家，以研究元素同位素和放射化学著称。1879年3月8日，他出生在莱茵河畔法兰克福郊区的乡村，父亲是一位勤劳质朴、擅长多种手艺的老农，母亲是日耳曼民族的后裔。受家庭环境影响，他从小就会干农活，并掌握了好几种手工技术，长大成人后当过玻璃工匠和从事过房屋建筑营造业，后考入马尔堡大学攻读化学，于1901年获得哲学博士学位。

哈恩在大学时期的专业方向是有机化学，毕业时选定的学位论文题目为《异丁子香酚及其衍生物》，后来由于一个偶然机会，从当地企业公司获得了一张去英国短期考察的护照，就到伦敦拉姆齐研究所学习、考察，并工作了一段时间，在那里，他开始改变原来的志向，

踏上了研究放射化学的道路。

　　在20世纪初的第一个10年里，哈恩曾追随拉姆齐、卢瑟福、费希尔等人从事原子辐射学的研究，很快就显示出他在科学探索方面的杰出才能，先后发现和测定了一系列重元素的放射性同位素。1902年，他首先从含有大量天然钍的铀矿中，鉴别出一种新的过去从未发现过的物质成分，它的含量甚微，但放射活性却异常强烈，比天然钍要高几万到几十万倍，这是一种放射性钍的同位素，称为"射钍"$_{90}^{228}\text{Th}$，并测算出它的半衰期为1.9年。同年，他还和另一位科学家共同鉴定了第伯纳发现的锕与吉塞尔提出的新放射性物质实际上是一样东西，从而帮助澄清了学术界长期争论的一个问题。

　　1905年，哈恩远涉重洋来到加拿大的蒙得利尔城，在卢瑟福的研究所整整工作了一年，在那里相继发现了铊的同位素——射钍$_{81}^{208}\text{Te}$，和锕的同位素——"射锕"（$_{89}^{228}\text{Ac}$，放出β射线，半衰期为6.7年）。并协助卢瑟福对射钍和射锕的α辐射进行精确的测定。1906年回到柏林以后，在费希尔的实验室继续进行了这方面的研究，又进一步发现在钍与射钍之间尚存在着另一种长寿命的新放射性同位素，第二年经分离和鉴定，证实它的性质与镭相似，实际上是镭的一种同位素$_{88}^{228}\text{Ra}$，放出β射线，半衰期与射锕同）。由于这两种新发现的同位素都是由钍衰变而来，当时曾分别称为新钍1和新钍2。1909年，哈恩还同梅特涅一起，发现了钋的同位素——"镭c"（$_{84}^{211}\text{Po}$，放出α

射线，半衰期仅仅只有 0．52 秒）。

1910 年以后，哈恩正式被聘为柏林大学教授。当时他在柏林学术界已有一定声望和影响，并与国际上一些著名科学家有了直接接触和交往，特别在他一生中具有重要意义的，是与奥地利女物理学家莉斯·梅特涅的会见，从此开始了他们长达 30 年的卓有成效的合作，在科学史上开创了由两个不同国籍、不同学科特长和不同性别的科学家进行长期合作的范例。那时候，哈恩经过多年的工作积累，基本上掌握了各种已知放射性元素的资料，但是要深入探讨它们之间的内在联系及其互相转换的规律，则仍然感到有许多地方还很不清楚，于是他们就决定把所有这些元素的 β 射线全部测量出来。通过这项工作，得到一个重要结论：表明若干元素当它们衰变后，虽然表面看来已不再具有放射性，实际却依然是比较微弱的放射源。

1912 年，德国著名的威廉·凯撒研究院在柏林－达莱姆之间建立了新的化学研究所，哈恩被任命为这个所的放射部门负责人，后来又担任所长职务，他们就利用它的新建实验室尚未受放射性污染的有利条件，对若干微弱放射源如铷、钾等作进一步试验，并利用这些元素的放射性特征对各种岩石、矿物的地质年代和构成成分进行计算和测定，做了许多很有意义的研究。从这些研究工作中可以清楚地看到：各种天然的放射性元素同位素实际上都处在一系列连续衰变的过程当中，虽然有的时间很长，有的时间极短，但它们在这种演变的过程中有着一定的序列关系，它们的转化也都有一定的规则。

此外，哈恩还通过对 β 射线磁偏转作用的研究，对这些元素的连

续、线性的光谱现象做了很多补充解释和说明，并首创使用放射性"反冲"的方法，进一步发现了许多新的放射性同位素。综观这个时期的工作，哈恩在研究天然放射性同位素的领域里取得了许多重大进展和成就，对发展放射化学和同位素的研究工作作出了巨大贡献，遗憾的是未能从理论上跨出最后一步。在这以后不久，英国化学家索迪和另一位德国化学家法夹斯，根据他们自己独立进行的研究，从理论上加以概括，于1913年提出了著名的"移位定律"，系统地阐明了同位素的概念和它们之间相互转化的规律。

1917年，哈恩与梅特涅又从铀矿中成功地分离出最稳定的91号元素的同位素"铀X2："（$\frac{234}{91}$Pa，放射出 β 射线，半衰期为1.18分钟）。随后，对铀和铀的生成物继续研究，又在1921年找到了"铀乙"（$\frac{234}{91}$Pa，也放出13射线，半衰期为6.66小时）和其他几种同位素。"铀X："和"铀乙"这两种镁的同位素的同时出现，是对元素原子核存在同分异构现象的一个很好证明。另外，镁这种母体元素的发现，对后来确定锕系元素中各未知成员的序列位置也起了重要作用。

20世纪30年代以后，随着人造元素的制造成功和中子的被发现，放射化学迅速被推进到一个新的阶段。科学家们都纷纷致力于研究如何使用人工方法来实现核嬗变。鉴于中子与其他粒子相比具有不带电荷、更容易接近和进入原子核的优点，许多科学家就着手用中子来"轰击"各种重原子核，想看看究竟能发生什么核反应。在这方面研究得最多和成绩最大的要推意大利著名核物理学家费米，他曾用这种方法先后制备了30多种不同元素的放射性同位素。1934年，费米又

尝试用中子轰击铀核，期望能制造出一种原子序数比铀更大的元素，不久他果然从生成物中测到了某些具有活性的新物质成分，于是就认为已经发现了新的 93 号元素，但是这种设想并没有得到证实。

与此同时，哈恩与梅特涅在柏林也进行了类似的实验，并对所生成的物质作了进一步验证。按照当时的看法，由于 93 号元素处在周期表中铼的下面，一般认为它的性质应该与铼相近，因而哈恩就设想如果用铼作为载体，就一定能够把它从生成物中"携带"出来，然而他的想法也没有能够获得成功，用尽了各种办法也还是得不到这种新的元素。这样就引起了他对实验本身的怀疑和思索，决心回过头来重新试验，想弄清楚失败原因，和查明中子的轰击是否真的把铀变成了另一种新的元素。但是这项计划由于战争的爆发未能顺利进行，特别是因为梅特涅是一位犹太人，当德军占领奥地利后，由于受到希特勒纳粹主义的疯狂迫害，只得逃离柏林流亡到瑞典斯德哥尔摩避难，这就迫使哈恩不得不独自一人来承担起这个任务，因而延误了不少时间，不过他始终没有放弃这方面的努力。

1938 年末，哈恩与另一位德国物理学家斯特拉斯曼合作，继续对铀的核反应进行研究，经过多次的挫折和失败，他们又开始作新的尝试和探索，当他们用一种慢中子（或热中子）来轰击铀核时，竟出人意料地发生了某种异乎寻常的情况，反应不仅迅速和强烈，而且释放出很高的能量。原来铀核被击中后，并非变成了另外一种原子序数比它大的元素，而是恰恰相反，分裂成为一些原子序数小得多的、更轻的物质成分。当时哈恩已经意识到这不是一般的放射性嬗变，因为不论是哪一种放射性衰变过程，都不可能把一个重元素原子衰变成为重量几乎减半的元素的原子。不过那个时候由于原子核裂变的问题无论在理论上还是具体的反应机理上都还不够清楚，科学家们对于在实验室条件下能否进行这类核反应也存在怀疑，因而他们开始也不敢十分相信和肯定这就是裂变。

后来哈恩把实验结果和自己的想法写信告诉了梅特涅，得到梅特涅的有力支持，她在复信中明确指出："这种现象可能就是我们当初曾设想过的铀核的一种分裂。"并且直截了当地使用了"裂变"的字眼。之后又经过多次试验和验证，终于肯定了这种反应就是铀235的裂变。裂变后生成的产物主要是处于元素周期表中间位置的钡、镧、碘、碲、钼等元素的放射性同位素。人工核裂变的试验成功，是近代科学史上的一项伟大突破，它开创了人类利用原子能的新纪元，具有划时代的深远历史意义。哈恩也由于这一原因而荣获了1944年诺贝尔奖金。

哈恩是一位正直的、具有人道主义思想的科学家。他虽然爱他的祖国，但并不赞同希特勒上台后推行的各种政治主张，他始终无意与纳粹政府合作，也从不参与为战争服务的科研工作和活动。不久，他的这一重大发现经由梅特涅、玻尔等人辗转传到美国，促成了美国原子弹的提前制造成功。然而也正是在这个时候他自己却遭到了一场意外的灾难，就在他的研究所为逃避空袭而南迁的途中，他被盟军部队所"捕获"，并当作战俘押送到英国，过了半年多铁窗生活，直到1946年才释放回国。回国后，由于他在科学方面作出的杰出贡献和巨大的声望，不久就被推举为著名的威廉·凯撒研究院院长。

战后他在恢复、发展联邦德国的科技事业中起了重要的作用，此

外他还积极参加国际和平运动。1955 年，哈恩曾联合各国诺贝尔奖金获得者，为"防止原子能被滥用和扩散"发表了一个著名的共同宣言。另外，他也是 1957 年为"反对德国重新核武装"而发起签名运动的 18 位世界著名科学家之一。在他逝世以后，联邦德国政府为表彰他的功绩和成就，曾专门通过决议设立"哈恩科学纪念奖金"，作为国家在科学发明方面的一项最高荣誉奖励。

◎ 爱因斯坦

爱因斯坦（1879—1955年），举世闻名的德裔美国科学家，现代物理学的开创者和奠基人，相对论与质能关系的提出者。1900年，爱因斯坦毕业于苏黎世工业大学，1905年获苏黎世大学哲学博士学位。1913年，爱因斯坦返回德国，任柏林威廉皇家物理研

爱因斯坦

究所所长和柏林大学教授，并当选为普鲁士科学院院士。1933年因受纳粹迫害，迁居美国，任普林斯顿高级研究所教授，从事理论物理研究，1940年入美国国籍。

爱因斯坦对天文学最大的贡献莫过于他的宇宙学理论。他创立了相对论宇宙学，建立了静态有限无边的动力学宇宙模型，并引进了宇宙学原理、弯曲空间等新概念，大大推动了现代天文学的发展。1905年3月，爱因斯坦发展量子论，提出光量子假说，解决了光电效应问题。5月完成论文《论动体的电动力学》，独立而完整地提出狭义相对性原理，开创物理学的新纪元。

爱因斯坦的量子理论对天体物理学，特别是理论天体物理学有很大的影响。理论天体物理学的恒星大气理论，就是在量子理论和辐射理论的基础上建立起来的。爱因斯坦的狭义相对论成功地揭示了能量与质量之间的关系，解决了长期存在的恒星能源来源的难题。其广义相对论验证了光线弯曲现象。

1951年，爱因斯坦连续发表文章指出美国的扩军备战政策是世界和平的严重障碍。1952年11月，以色列第1任总统魏斯曼死后，以色列政府请爱因斯坦担任第2任总统，被爱因斯坦拒绝。1954年3月，爱因斯坦被美国参议员麦卡锡公开斥责为"美国的敌人"。1955年4月18日1时25分，爱因斯坦逝世。1999年12月26日，爱因斯坦被美国《时代》周刊评选为"世纪伟人"。

现代物理学教父

1955年4月18日中午，一辆灵车向普林斯顿城外的火葬场缓缓地行进着。灵车上，安放着当代伟大的物理学家阿尔伯特·爱因斯坦的遗体。没有花圈，没有乐队，没有任何宗教仪式，只有他生前最亲近的12个人，迈着沉重的步履，跟在灵车后面，默默地为他送葬。在沉寂肃穆的火葬场上，当爱因斯坦的遗体就要送入火中的时候，爱因斯坦的生前好友那坦教授走上前来，一边擦拭着滚涌的泪水，一边缓慢地、一字一顿地默诵起悼念的词句。

20 世纪初期的二三十年，是近代物理学创建的时期。对近代物理学的创建，爱因斯坦作出了无与伦比的贡献。他所创立的相对论，已作为科学发展道路上的一个里程碑而载入史册。同时，他在发展量子论、开辟宇宙学等方面也作出了重要建树。现在，原子能、太阳能、激光技术都已得到了广泛的应用，而这些都和爱因斯坦用他毕生的辛勤劳动奠定的理论基础有着密切的关系。

1879 年春天，爱因斯坦出生在德国乌尔姆城的一个犹太人家庭里。爱因斯坦的父母很喜爱自己的儿子。可是，他长到四五岁的时候，却还不大会说话。为此，父母心里很着急："难道他是个傻子，是低能儿？不，不可能。他那双棕色的大眼睛多么明亮。他那可爱的小脑袋一歪一晃的，多天真呀！可是，他为什么不会说话呢？"父亲为他请来了医生，让他吃药。其实，孩子根本没有病。

有一天，爱因斯坦真的病了。父亲就拿来一个小罗盘给他玩。他很喜欢这个小玩意儿，细细地端详了很久，反复地摆弄着。他发现：无论怎么摆动，罗盘玻璃罩下的那根细细的红色磁针总是指向北边。噫，这是怎么回事呢？他很惊讶："是什么东西使它总是指向北边的呢？"那根指针在他幼小的心灵中留下了很深的印象，引起了他探索事物的好奇心。碰到下雨，他会提出许多个"为什么"；看见月出，他也会提出许多个"为什么"。总之，各式各样的自然现象都能引起他的好奇和思索。他不愿意和其他孩子在一起嬉笑玩耍，总喜欢一个人玩，并且老是陷在沉思之中，显出一副如痴如醉的样子。

为了给这孤僻的孩子增添点生活乐趣，6 岁那年，母亲开始教他

拉小提琴。谁知，爱因斯坦对拉小提琴很入迷。一拉起来，两眼闪着亮光，手激动得打颤，音乐使他兴奋异常。上小学以后，他对学校的宗教和军国主义教育很厌烦，也不愿背死书，功课学得不好，常常受处罚。有时，同学们放学回家了，他却要在走廊上被罚站两小时才能回家。为此，同学们歧视他，老师们也骂他是个"笨头笨脑的孩子。"可是，爱因斯坦并不因此生气。有时，受完处罚，回到家里，偎在母亲的怀抱里听完母亲的责备后，就又去玩积木或者拉他心爱的小提琴去了。

10岁的时候，爱因斯坦进了中学。在中学里，除了数学外，其他课程都不能引起他的兴趣。于是，他就自己阅读数学方面的书籍。一天，一位大学生送给他一本几何教科书。他手捧这本"神圣的几何小书"，读得心醉神迷。接着，他又读了《自然科学通俗读本》和《力和物质》等书。通过读书，他爱上了科学；通过读书，他在思想上跨过了几个世纪，同阿基米得、牛顿、斯宾诺莎、笛卡儿等人结成了朋友。在15岁以前，他就已经熟悉了这些数学家和哲学家的著作。他把自然界看作是"一个伟大而永恒的谜"。少年时期的爱因斯坦就有了自己的抱负，决心去探索这个"谜"的"谜底"。

用勤奋学习取得成功

　　爱因斯坦的理想是美好的，可是，现实又是十分严酷的。中学临毕业的前一年，他因功课学得不好，被勒令退学。不久，他父亲开办的小工厂又倒闭了，弄得全家生活无着。在这个严酷的现实面前，他该怎么办呢？继续学习已经成了问题，但一想到要去做一个手艺人混饭吃，他就本能地产生反感。一天，他看到了一篇文章，文章说："假使一个人坚定不移地按照自己的本心行事，世界就会转过来迁就他的。"爱因斯坦反复地琢磨着这句话，思前想后，更加坚定了他走研究科学的道路的信念。于是，他说服父亲，允许他继续坚持自学。他决心通过自学，掌握上大学的知识。

　　这年秋天，他来到瑞士，投考了苏黎世联邦工业大学。因为他没有中学毕业证书，必须参加特别的入学考试。结果他因为历史、哲学不及格而没有被录取。这所大学的校长会见他时，通知他说："遗憾得很，您没有被录取。"听到这个消息，满怀希望的爱因斯坦顿时难过得垂下了脑袋。他拖着沉重的步伐，向房门走去。这时，校长又叫住了他，微笑着对他说："年轻人，不要垂头丧气。考试失败，这没什么。你的数学成绩相当出色。因此，我想建议您到阿劳州立中学补习一年，再来报考，您看好吗？"爱因斯坦接受了校长的建议，补习

了一年，终于考进了苏黎世联邦工业大学。

　　上大学是爱因斯坦十分向往并为之奋斗已久的事。上大学后，爱因斯坦对居住、吃饭、穿衣等毫不讲究，把生活水平降低到了最低限度，以衣能遮体、食能饱腹为满足。一是他没有时间去讲究这些，二是贫困的家庭经济状况迫使他必须节衣缩食。他把全部的精力和时间都用在了学习上。爱因斯坦的学习精神，是"如饥似渴"这四个字所不能形容的。可以说，他的一切就是读书和思考，读书和思考也就是他的一切。他专心地学习着数学、物理和哲学。由于学校的课程不能使他得到满足，他就把精力投注到课外阅读上。从入学的第一年起，他就给自己列了一个长长的书单，并严格规定了读完的时间。在他租赁的那间斗室里，在明媚的湖畔，在阅览室，在校园里，他如饥似渴地读啊读啊，直到肚子饿得咕咕叫，才到小饭馆里随便吃点东西，然后再读。除了读书，他就是做实验，通过实验加深对书本知识的理解。

　　经过4年的勤奋学习，爱因斯坦以优异的成绩领到了毕业证书。但毕业后，他却找不到固定的工作。他没有饭吃，没有衣穿，贫困之极。饥寒交迫之中，他偏又得了肝炎，日子就更难熬了。他的一位同学同情地说："下一步，可怜的爱因斯坦啊，只好拿着小提琴，去挨家挨户地演奏乞讨了。"但是，贫困并不能动摇爱因斯坦走研究科学的道路的决心。他继续研究他感兴趣的物理问题，构思他的学术论文。他说："只要能找到一个固定的工作就好了，即使工资少一点也无所谓，那样我就一定可以把学术论文写出来了。"爱因斯坦把自己的求职广告贴满了全城。广告说："阿尔伯特·爱因斯坦，联邦工业大学毕业，讲授物理课，每小时3法郎，愿者请洽谈。"

广告贴了很多，就是不见有人来招聘他。此时，远在意大利的父亲——一个破产的老商人，为儿子的不幸境遇十分难过，可又爱莫能助；母亲为他痛苦地流泪，当然，他的未婚妻也是同学的米列娃就更为他担心了。恰在这时，报纸上登出了伯尔尼市专利局征聘二级工程师的广告。爱因斯坦决定去试试看。

　　也正是在这个时候，一位了解爱因斯坦的才能、并同情他的处境的老同学，决定去向专利局长当面推荐爱因斯坦，因为他认识这位局长。"爱因斯坦这个人是有点怪脾气，比如说他半夜里会起来拉小提琴，等等，不过，他的数学天才是惊人的。"爱因斯坦来到伯尔尼市专利局，见到了局长，呈上了申请书，心里怦怦直跳。局长一双锋利的大眼睛不停地审视着他。爱因斯坦通过了局长的全面考核后被录用了。当然，老同学的推荐也许起到了一些作用，但主要的是通过考核，局长认为他是一位有才华的年轻人。

　　招聘广告上明明写的是"二级"，而局长却给爱因斯坦定为"三级"。这些，爱因斯坦就不在乎了。因为，有了固定的职业，就可以发挥他的聪明才智了。从此，爱因斯坦在科学研究的征途上大踏步地前进了。

　　专利局的工作对爱因斯坦的学习和研究很有利。他的任务是审查"发明专利申请书"。他每天用三四个小时，有时只用一个小时，就把全天的工作做完了。其他时间就用来看书、思考，进行理论物理学的研究。可是，专利局规定，工作人员在工作时间不许做与工作无关的事。于是，爱因斯坦就想出了一个巧妙的办法：他把书放在抽屉里看，一旦局长来了，就把肚子一挺，推上抽屉，神不知，鬼不觉。同时，

他总是用很小的纸片进行计算，随时准备把纸片塞进抽屉里。爱因斯坦读书、计算能受到局长的限制，可是，思考，这是谁也限制不了的。在工作时间，在吃饭、睡觉、乃至上厕所的时候，他都在一刻不停地思考。想不让他思考问题，除非他停止了呼吸。

在爱因斯坦26岁的时候，他终于写成了著名的论文《论动体的电动力学》，创建了现代物理学的基础理论之一——狭义相对论。狭义相对论的建立，如同闪电划破时代的夜空，轰动了整个科学界，开创了物理学的新纪元。这件事发生在1905年。因此，这一年，被称为物理学历史上"革命的一年"。

当爱因斯坦因建立狭义相对论而名扬四方的时候，他的顶头上司——专利局局长大为震惊。他把爱因斯坦找了去，对他说："年轻人，您真了不起！您哪来的功夫做这种研究。"爱因斯坦，这位专利局的小公务员，做出如此辉煌的成就，确实了不起。当时，一些对爱因斯坦不了解的人，对他成功的原因作了种种猜测，还有人要他介绍成功的秘诀。爱因斯坦笑了笑，然后在黑板上写了这样一道公式：

$$A = X + Y + Z$$

爱因斯坦并解释说，A代表成功，X代表付出的劳动，Y代表劳动中得到乐趣，Z代表"缄默勿言"（意为谦虚谨慎，不要夸夸其谈）。这就是爱因斯坦成功的秘诀。

持续不断的登攀之路

    爱因斯坦的狭义相对论，在物理学界和社会上掀起了波涛。人们开始觉得，他的职务和他的天才太不相称了，建议他到大学里谋个职位。爱因斯坦对教授的头衔不感兴趣，但考虑到大学里优越的研究条件，于是接受了这个建议。1909年12月，爱因斯坦辞去了专利局的工作，担任了联邦工业大学的副教授，开始了教授生涯。他虽然当了教授，工资却反而减少了，生活越来越困难，连给儿子买双新鞋的钱都没有。他的小小的房间，既是工作室，又是卧室，中间拉着一根长长的绳子，上面晾晒着孩子的尿布。为了增加收入，维持生活，他让妻子开了一个家庭小饭馆，他自己也常到饭馆帮忙。

    但困难的现实条件并没有使爱因斯坦过分烦恼，除了讲课和操持家务以外，他依然是孜孜不倦地进行着科学研究。他和过去一样，每当工作起来或是和朋友们讨论起学术问题来的时候，还是那样醉心和入迷，常常忘记了周围的一切。但是，爱因斯坦的研究工作并不顺利。1914年，德国军国主义分子挑起了第一次世界大战。遗憾的是，一些失去良知的科学家也卷入了这场战争，还想把爱因斯坦也拉进去，为战争服务。爱因斯坦沮丧的心收紧了。他说："战争是一种恶毒、野蛮的罪行。我即使粉身碎骨也不愿意卷进这种万恶的交道里。"他还

说："假使科学和艺术想要自由地生活的话，绝对必须把德国打垮。"于是，他和哲学家尼古拉一起起草了《告欧洲人民书》，呼吁欧洲的科学家竭尽全力，尽快结束这场人类大屠杀。

可是，几乎没有什么人搭理他。在一个发了狂的世界里，一个正直的科学家是没有地位的。爱因斯坦像躲避瘟疫一样，避开战争的威胁，把自己关在公寓的一间小阁楼中，着手使他的相对论学说的基本原则更趋完善。在那些年月里，爱因斯坦工作和生活从来没有什么规律，总是不分昼夜地紧张思考和工作；希望和绝望、激动和狂喜给他感情上带来了巨大波动。加上他长期患有肝炎和胃病，他终于把身体搞垮了。仅两个月的时间，他的体重就减轻了十几公斤。

可是，爱因斯坦依然坚持不懈地向着科学高峰艰难地登攀。他对朋友说："我死不死无关紧要，相对论才是真正重要的。"经过他顽强、艰难的拼搏，1916年，他终于发表了《广义相对论原理》这篇著名论文，创立了广义相对论，达到了20世纪理论物理学研究的巅峰。如同所有划时代的发现一样，爱因斯坦的广义相对论有着极其深远的影响。它是狭义相对论的进一步发展和推广，影响到自然科学的各个学科。

相对论道理深奥，一般人是很难弄懂的。爱因斯坦曾经这样最简单地解释说："从前大家相信，要是宇宙中一切物质都消失了，那就留下了时间和空间。但是，根据相对论，物质消失了，时间和空间也就跟着一起消失。"根据相对论的原理，如果能变成现实的话，那就会出现这样的前景：一个人坐上光子火箭，以接近光速的高速度去作星际航行。一年后他回来了，发现儿子已经是白发苍苍的老人，而自

己还是那样年轻。当然，想用一两句话说清楚什么是相对论，是很困难的。它把哲学的深奥、物理的直观和数学的技艺令人赞叹地结合在一起。因此，爱因斯坦被誉为"现代物理学之父"、"20世纪的科学巨匠"，获得了1921年度的诺贝尔物理学奖金。

爱因斯坦因创立了相对论而名扬四海，各种荣誉从四面八方倾泻而来。他的照片被登上画报和广告；市场上也出现了相对论雪茄香烟。他每天不上街则已，一上街就被大群的摄影师、新闻记者以及要求签名留念的人所包围。在他住的公寓里，每天都有成筐成筐的信件送来。他讲演时，人们往往为抢到他用过的一个粉笔头而争吵不休。对此，爱因斯坦非常厌烦，能回避的就回避，能谢绝的就谢绝，他不愿意让这些无聊的人和事去占用他宝贵的时间。他专心于科学研究，从来没想到自己的荣誉。他说："眼前，人们大概都发了疯"；"社会把我看成了世界大马戏团里新来的一只奇怪的动物。"

一次，有人在会议上当面吹捧爱因斯坦，达到了令人肉麻的程度。爱因斯坦再也无法忍耐，霍地站了起来，大声地对大家说："谢谢你们给我说了那么些好话。如果我相信了这些话是真的，那我该是一个疯子。因为我明明知道我不是一个疯子，所以我不相信。"爱因斯坦的成就够大的了，荣誉也够多的了。可是，这位科学巨匠依然虚怀若谷，不断探索未知的真理，向更加坚固的科学堡垒发起进攻。他说："科学研究好像钻木板，有人喜欢钻薄的，而我喜欢钻厚的。"

1955年4月初，这位76岁高龄的科学家终于病倒了，右腹部一阵阵剧痛，还出现了别的症状。为了不让家里的人难过，他咬紧牙关，强忍剧痛，任凭额头上豆大的汗珠滚滚下落，也不肯呻吟一声。4月

16 日，爱因斯坦的病情恶化，开始住院治疗。他刚到医院，就打电话给他的秘书，让她拿来了他的眼镜、钢笔、一封没有写完的信和一篇没有做完的计算。他颤巍巍地从床上欠起身子，抹了一下昏花的眼睛，又开始了工作……。1955 年 4 月 18 日，阿尔伯特·爱因斯坦在普林斯顿离开了人世。爱因斯坦的遗嘱是，不要任何宗教仪式，不要举行任何悼念活动，不要祭词，也不要树立墓碑。人们遵照他的遗愿，怀着极其沉痛的心情，把他的骨灰撒向大地。

经典阅读

爱因斯坦轶事

（1）不敢偷看。著名物理学家爱因斯坦出席一次为他举办的正式宴会，来宾中男性都打白领带，女士都穿裸肩的礼服。他的太太因感冒没有去，爱因斯坦回家后，她急忙打听晚会的情形。爱因斯坦告诉她，今晚有哪些著名的科学家出席了宴会。她太太打断他的话，问："不要管那些，你告诉我太太们穿什么衣服？""我可真不知道，"爱因斯坦认真地说，"从桌子以上的部分看，她们没穿什么东西；而桌子以下的那部分，我可不敢偷看。"

（2）德国人与犹太人。著名物理学家爱因斯坦的相对论被证实后，有人问他："对此，您有何感想？"爱因斯坦眼里流露出一种幽默而含有讽刺的神情说道："既然我的学说现在证明是对了，那么德国人会说我是德国人，而法国人就会认为我是世界公民；可是，如果我的理论证明是错的呢？那时，法国人就会说我是德国人，而德国人会说我是犹太人。"

（3）记忆力。1921年春，著名物理学家爱因斯坦到美国，为犹太人青年创办一所大学筹集资金。在一次演讲过后，有人问他："你可记得声音的速度是多少？你如何记下许多东西？你是否随身携带笔记本？"爱因斯坦答道："我从来不携带笔记本，我常常使自己的头脑轻松，把全部精力集中到我所要研究的问题上。至于声音的速度是多少，现在我很难确切地告诉你们，必须查一查辞典，才能回答。因为我从来不记那些在辞典上已经印有的东西。我的记忆力是用来记忆书本上还没有的东西。"

（4）时间与永恒。一位美国女记者走访爱因斯坦，问道："依你看，时间和永恒有什么区别呢？"爱因斯坦笑了笑答道："亲爱的女士，如果我有时间解释它们之间区别的话，那么，我们解释完的时间一到，永恒就消失了。"

（5）对应用科学的隐忧。爱因斯坦曾经说："看到你们这一支以应用科学作为自己专业的青年人的队伍，我感到十分高兴。我可以唱一首赞美诗，来颂扬应用科学已经取得的进步；并且无疑地，在你们自己一生中，你们将把它更加推向前进。我所以能讲这样的一些话，那是因为我们是生活在应用科学的时代和应用科学的家乡。但是我不

想这样来谈。我倒想起一个娶了不称心的妻子的小伙子。当人家问他是否感到幸福时，他回答说：'如果要我说真心话，那我不得不扯谎了。'"

"我的情况也正是这样。试设想，一个不很开化的印第安人，他是否不如通常的文明人那样丰富和幸福？我想并不如此。一切文明国家的儿童都那么喜欢扮'印第安人'玩，这是值得深思的。这样了不起的应用科学，它既节约了劳动，又使生活更加舒适。为什么带给我们的幸福却那么少呢？坦率的回答是，因为我们还没有学会怎样正当地去使用它"。

"在战争时期，应用科学给了人们相互毒害和相互残杀的手段。在和平时期，应用科学使我们生活匆忙和不安定。它没有使我们从必须完成的单调的劳动中得到多大程度的解放，反而使人成为机器的奴隶；人们绝大部分是一天到晚厌倦地工作着，他们在劳动中毫无乐趣，而且经常提心吊胆，唯恐失去他们那一点点可怜的收入"。

"你们会以为在你们面前的这个老头子是在唱不吉利的反调。可是我这样做，目的无非是向你们提一点忠告。如果你们想使你们一生的工作有益于人类，那么，你们只懂得应用科学本身是不够的。关心人的本身，应当始终成为一切技术上奋斗的主要目标；关心怎样组织人的劳动和产品分配这样一些尚未解决的重大问题，用以保证我们科学思想的成果会造福人类，而不致成为祸害。在你们埋头于图表和方程时，千万不要忘记这一点！"

◎ 维　纳

维纳（1894—1964 年），美
国数学家，控制论的创始人。
1894 年 11 月 26 日生于密苏里州
的哥伦比亚，1964 年 3 月 18 日
逝世于斯德哥尔摩。维纳的父亲
是语言学家，出生于俄国，智力
早熟，掌握 40 多种语言。维纳
认为他父亲是天生的学者，集德
国人的思想、犹太人的智慧和美
国人的精神于一身。维纳在其 50
年的科学生涯中，先后涉足哲
学、数学、物理学和工程学，最
后转向生物学，是 20 世纪多才
多艺的科学巨人。

维　纳

　　维纳的主要成果有建立维纳测度，第一个从数学上深刻地研究布
朗运动的数学家；引进巴拿赫维纳空间，将极限和微分的广义理论推
广到矢量空间；阐述位势理论，对于给定连续边值函数的狄利克雷问

题，得出了确切的广义群。对于一般的紧集定义容度概念，给出著名的正则性判据；发展调和分析，提出了非零绝对收敛傅立叶级数的著名反转定理；发现维纳霍普夫方法，应用到中子迁移、电磁波衍射、控制论、多体问题及入口理论中；提出维纳滤波理论，为设计自动防空控制炮火等提供了理论依据，是处理各种动态数据（如气象、水文、地震勘探等）及预测未来的有力工具；开创维纳信息论，将统计方法引入通讯工程，奠定了信息论的理论基础，用"熵"定义了连续信号的信息量，提出了度量信息量的申农维纳公式。

维纳的最大贡献是创立控制论，以数学为纽带，把研究自动调节、通信工程、计算技术、神经生理学和病理学等共性问题联系起来。1948年，维纳所著的《控制论》出版后风行世界，书中揭示了机器中的通信和控制机能与人的神经、感觉机能的共同规律；为现代科学技术研究提供了崭新的科学方法，促进了现代科学思维方式和当代哲学观念的一系列变革。维纳的其他著作有《控制论》、《维纳选集》和《维纳数学论文集》，及自传《昔日神童》、《我是一个数学家》。

控制论之父

维纳是一位有数学天才的神童，他幼年时就立志成为一个富于创造力的卓有建树的数学家。事实证明，他的确实现了这一理想。或许，

他可以算得上是出生在美国本土上的最优秀的数学家之一。维纳大器早成，年仅14岁时就在塔夫特大学取得数学学位。整个一生，维纳都对数学以外的许多学科怀有兴趣，特别爱好生物学和哲学。他在哈佛学哲学时对数理逻辑产生了兴趣，他18岁时完成的博士论文就是论述这一学科的。后来，维纳离开哈佛赴欧，去剑桥和哥廷根追随贝尔特兰德·罗素和大卫·希尔伯特进一步深研数理逻辑。

从欧洲返美后，维纳的数学研究面更广阔了，但奇怪的是，他竟不能谋到一个适合于他的专门研究数学的职位，因此一段时间内被迫去干一些不情愿干的工作，比如为百科全书和杂志撰稿写文。1919年，维纳最终成为了麻省理工学院数学系的教授。从此，他一直留在该校直到去世。德国伟大的诗人海涅曾说："天上有太阳、月亮、星辰，它们证明上帝的全能；信徒的眼睛仰望上空，他们要将创造主赞颂。"如果用这段诗句去描述科学神童维纳，则意味着他对科学的信仰，犹如以信徒的眼睛仰望天空。

维纳入中学后十几年来，从学习数学到研究数学、教数学，基本上没有脱离数学，但他在数学领域并没有什么突出成绩，一向爱面子的维纳思想上有些波动，于是想从事哲学研究，但因人事关系复杂，未能如愿。后来在他父亲的帮助下又重新研究数学。他曾经想入军界，但没有成功，只好钻研尖端数学和世界数学难题，想一举成名，但一直没有大的进展。这对他的刺激很大，精神有些不振，想入非非，最后还是参加了军队。战争结束后，他又重新研究数学。对这位当时25岁的青年来说，虽然又在麻省理工学院数学系任教，但成绩平平，没有什么重要论文发表，而且性格变得有些古怪。到了30多岁以后才在

数学领域有些建树。维纳到了中年，有时考虑问题有点神经质。他经常问起同行，看他是否已经衰退了。他总是希望周围的人鼓励他，叫别人能看到他的成就。有时为了让人家表扬自己，就不厌其烦地叫人表态。这种做法有时引起某些人的反感。

维纳是一位科学的坚定信仰者，他说：

我已经讲过，科学不可能没有信仰。我讲这话并不意味着科学所依赖的信仰在本质上就是一种宗教信仰，或者说它也要接受一般宗教信仰中的任何教条，然而，如果没有自然界遵守规律这样一种信仰，那就不能有任何科学。自然界之遵守规律，这是不能证明的。因为我们大家都知道，世界在下一刹那可能变得像《爱丽丝漫游奇境记》中的槌球戏那样，在这个游戏，用活的刺猬当球，球门乃是走向球场的其他地方去的兵士，而游戏的规则则是根据女王时时刻刻随心所欲的命令来制定的。在极权主义的国家中，科学家所必须适应的正是像这样的一个世界，不管这些国家是右的还是左的。科学是一种生活方式，它只在人们具有信仰自由的时候才能繁荣起来。基于外界的命令而被迫去遵从的信仰并不是什么信仰，基于这种假信仰而建立起来的社会必然会由于瘫痪而导致灭亡，因为在这样的社会里，科学没有健康生长的土壤。

维纳始终以科学和诚实为最高道德准则，要么原原本本地坦露他的内心世界，要么坚决维护科学的神圣和不可侵犯性。

博学多才的"神童"

维纳在幼年有"神童"之称，他智力早熟，3 岁能读写，10 岁上大学，18 岁获哈佛大学哲学博士学位。在学位授予仪式上，贵宾如云。有人不知道维纳的实际年龄，见他一脸稚气，不禁好奇地说："请问阁下今年几岁了？"维纳答道："鄙人今年岁数的立方是个 4 位数，4 次方是个 6 位数。如果把两者合起来看，它们正好是 0、1、2、3、4、5、6、7、8、9 共 10 个数字统统用上去了，不重不漏，这意味着全体数字都向我俯首称臣，预祝我将来一定能在数学领域里干出一番惊天动地的事业来。"

1948 年前后，他与医学、生物和工程技术人员合作，提出控制论。在计算、通讯和自动化技术等领域有极其广泛的影响。维纳除了在哲学上有一定的修养外，主要是从事数学的教学和研究工作。他研究的课题多，范围广，对调和分析、概率论、数理逻辑等方面都有重大突破。他创立了维纳积分，他将随机过程理论解决了军事上的不少自动控制系统问题。

由于维纳的伟大功绩，1931 年他被选为美国数学会会长。他根据时代的要求，从一个纯数学家逐渐转变成一位应用数学家。维纳在晚年创造了一门新的科学——控制论，并于 1948 年出版了《控制论》

一书。这部名著一问世就震动了科学界。由于维纳给人类的伟大贡献，他得到了美国总统约翰逊的科学奖章，美国总统还亲自发表祝词以示祝贺。

维纳从一个幼稚的"神童"，到一名博士，一位教授，一名应用专家，经历了曲折的道路。他是一个意志坚强的人，尽管性格有点古怪。他对科学的执着，对科学的独特理解为他的研究开启了成功的大门。他研究的范围十分广泛，晚年特别重视理论联系实际，这就使他在数学的应用方面做了许多开创性的工作。因此维纳一生成绩卓著，硕果累累。正如他所说：

"我属于最笨手笨脚的人，我甚至根本不会把两根导线接起来使它有令人满意的接触。在我身上强烈的自负和更强烈的缺乏自信是交织在一起的。我笨拙的外表，在我从阅读中获得的渊博的词汇的衬托下，显得更为突出。虽然我的这种状况完全出于自然，无半点矫揉造作，可是它却给我的长辈们，特别是给那些不很了解我的人，加深了对我的一种看法，即在某种意义上，我是个不合时宜的人。"

"我很早就开始工作，但直到25岁，才开始取得一些完整的成就。在生活的曲折道路上，我经历了许多考验，走了许多弯路。我认为，科学家如果不懂得从失败和混成中引出成功，如果没有学会从开始时漫无目的的工作程序中临时得出新而有用的意见，那么他就不是处于最良好的状态。那种永远正确的人是不知失败的巨大作用的。知识方面的成就带有一种意料中的风险，甚至带有意料不到的风险，但是有一个事情是肯定的：不入虎穴，焉得虎子。"

"总之，最后的结果是相当顺利的。一个人在社交方面的笨拙无

能，在经历了58年的生活变迁，发觉自己对这些变迁还能妥善加以处理以后，也就显得无关紧要了。我的起步早，看来并不妨碍我有一个持续得相当晚的显示成就的时期，而是大大地提高了我开始显示这些成就的水平。因此，我的起步早等于为我增添了有为之年。"

学术是一种召唤，一种献身，而不是一种职业。维纳学会了一种对所有的吹牛和知识上的弄虚作假的强烈憎恨，学会了一种对任何问题无不尽力加以解决而不为其困难所压倒的自豪。这些都是值得付出痛苦的代价的。但是维纳并不是要求任何在体力和精神上忍受不住这种痛苦的人，也付出这个代价。一个虚弱的人是不可能付出这种代价的，这种代价可能是致命的。维纳在儿童时期不仅赋有一定的智力，而且体力强壮，这使维纳能经受得住这种斯巴达式教养的创伤。甚至在维纳考虑把任何的孩子（不管是男是女）送去接受这样的一种训练之前，维纳不仅要弄清楚他的智力，而且还要对他的身体、精神和道德上的坚持力量作出正确的评价。

◎ 海森堡

海森堡（1901—1976 年），德国著名物理学家，量子力学的创立人。1901 年 12 月 5 日出生于巴伐利亚州小城乌尔兹堡。他的父亲是慕尼黑大学希腊语言学终身教授。20 世纪 20 年代，海森堡创立量子力学，用于研究电子、质子、中子以及原子和分子内部的其他粒子的运动，开辟了 20 世纪物理的新纪元。1932 年，海森堡获得诺贝尔物理奖，成为继爱因斯坦和玻尔之后的世界级科学家。

海森堡

海森堡创立的理论奠定了现代量子物理的基础，它可通过数学计算将每个物理问题转化成可以测量的量，目的是为了完善原子理论。海森堡的理论公布后，遭到纳粹的猛烈批判。纳粹除驱赶犹太人之外，还要对付"白色犹太人"，即

"精神犹太"和同情犹太人的人。海森堡对此感到痛心。希特勒发动波兰战争时，命令海森堡来柏林并要他写出核裂变可利用报告。他虽不公开反纳粹，却反对使用原子武器。

　　二战结束后，他积极促进和平利用核能。1957年，海森堡极力反对德国装备核武器。海森堡对音乐有着别具一格的解释，他认为音乐如同语言，极具个性化；而物理研究如同作曲，古典物理犹如巴赫的交响曲。不同的是，作曲家使用的是音符，海森堡使用的是数学符号。

量子力学的创立人

　　海森堡，德国物理学家，1901年12月5日出生于德国杜伊斯堡的一个学者家庭。海森堡从小由父亲进行启蒙教育，后来在慕尼黑一所公立中学上学。中学时代，海森堡对自然科学就有特殊的爱好，1919年考入慕尼黑大学，在著名物理学家索末菲教授的指导下，攻读物理学。1923年，海森堡以有关流体力学的论文获得博士学位。从慕尼黑大学毕业后，海森堡前往哥廷根，在玻恩手下工作和学习了一年。1924年，海森堡应邀在哥本哈根大学讲授理论物理学，随玻尔从事研究工作。1927年，海森堡任莱比锡大学教授。

　　1932年，海森堡荣获诺贝尔物理学奖。1939年，应聘任凯撒·威廉皇家物理研究所所长。从1942年6月6日开始，海森堡参加领导德

国原子弹的研制工作。1942 到 1945 年，海森堡任柏林大学教授兼普朗克物理研究所所长。1945 年 4 月 22 日，盟军占领德国原子弹研究秘密中心艾兴根，海森堡被逮捕，第二年获释回西德，任哥廷根大学教授兼普朗克物理研究所所长。1958 年，海森堡离开哥廷根，任慕尼黑大学教授兼普朗克物理和天体物理研究所所长。

海森堡在物理学中的主要成就是和别的学者一起创立了量子力学，发现了测不准原理，第一个提出基本粒子中的同位旋概念。1925年 7 月，海森堡在德国《物理学杂志》上发表第一篇关于矩阵力学的论文，题目是《关于运动学和动力学的量子力学解释》。海森堡认为量子力学的问题不能直接用不可观测的轨道来表述，应该采用跃迁几率这类可以观测的量来描述。接着，海森堡就和玻恩、约尔丹一起进行研究，创立了量子力学的一种表达方式——矩阵力学。

1927 年，海森堡首先提出了测不准原理，他在《原子核物理学》一书中提出："有两个参数：微观粒子的位置和速度，可以确定该微观粒子的运动。不过，任何时候也不可能同时准确地了解这两个参数。任何时候也不可能同时了解：微观粒子处于何处，以多大的速度和向哪个方向运动。如果进行实验测量，如精确地测定粒子在特定时刻所处的位置，那么运动即遭到破坏，以致以后不可能重新找到该粒子。反之，如果精确地测出它的速度，那么它的位置图像就完全模糊不清。"后来海森堡还提出，不但坐标和动量，而且方位角和角动量、能量和时间等也都是成对的测不准量。

从 1930 年起，海森堡经过长期而系统的理论和实验研究，证明了中子和中子、质子和质子、质子和中子之间的相互作用力都是相同的，是一种特殊的核力。从这个事实出发，海森堡认为质子和中子实际上是同一种粒子的两种量子状态，只是内部坐标不同，这种内部坐标被称为同位旋。此外，海森堡还对高能粒子的碰撞作用进行过理论研究，创立了 S 矩阵理论。在铁磁体理论的研究方面，海森堡也做出了一定的贡献。

"犹太物理学"

1933 年初，由新纳粹政府蓄意煽动的第一波种族歧视浪潮对德国各大学造成严重冲击。海森堡在哥廷根的老师玻恩和 J. 弗兰克不得不移居国外，他的助手 F. 布劳赫离开了莱比锡，原先的学生如 R. 佩尔斯和 E. 泰勒以及原来的助手 G. 贝克等都无法在德国的大学保留原职。1933 年 11 月，首次针对海森堡的人身攻击开始了，原因是他拒绝在一篇向 A. 希特勒献媚的致词中签名。然而海森堡依旧公开反对政府强行解雇更多的犹太同事，尽管他和他的朋友们的这种努力在残酷的现实面前是徒劳的。

在犹太学者被驱逐出德国各大学和研究所之后，科学界的纳粹帮凶们加强了他们反对普朗克、M. 冯劳厄和索末菲的活动。更有甚者，他们把矛头指向年轻的海森堡，因为在这些人眼中海森堡是"犹太物理学"（特别是相对论和量子力学）的主要代表人物之一。海森堡成

功地抵制了用心险恶的诽谤，但最终他没有被当局允许去接任他的导师索末菲在慕尼黑大学的终身教授职位。此后，现代物理学的研究环境在德国急剧恶化，而美国则在许多方面取代德国处于领先地位。

　　许多莱比锡的同事在这段困难时期给予了海森堡巨大帮助和安慰。1937 年 4 月，海森堡与 E. 苏玛赫结婚，组成了一个典型的"德意志家庭"。两人共生育了 7 个孩子。有限的国外旅行以及那仍旧具有国际水准的莱比锡理论物理研讨会使得海森堡能够和世界范围的量子物理学家们保持一定程度的联系和交流。尽管战争的阴云笼罩欧洲，尽管收到名声卓著的美国大学的高薪聘请，海森堡经过一个夏天在巴伐利亚的阿尔卑斯山避难之后依然于 1939 年 8 月返回莱比锡。

　　在 20 世纪 30 年代，海森堡继续探索一个能够满足相对论的量子场理论。他为此与泡利和其他苏黎世的同行开展了合作研究。海森堡和他的学生在高能宇宙线和介子理论方面也做了大量工作，并和日本著名物理学家汤川秀树就有关问题通过书信进行探讨。他成功地创立了莱比锡理论核物理讲习班，在国际上久负盛誉。这个讲习班直到第二次世界大战爆发后才被迫停办。

　　1939 年 9 月，战争在欧洲爆发，德国军械局把利用铀裂变制造核武器的研究立项，并招海森堡来领导这个项目。海森堡首先在理论上分析了"铀裂变机器"的工作原理，然后和他的莱比锡同事进行了实验研究。1942 年春天他们相当肯定地得出结论，建立以天然铀为燃料和以重水为缓冲剂的核反应堆是现实可行的。到了 1942 年年中，纳粹军械局将上述铀裂变项目转交民用部门负责。海森堡被任命为凯撒一威廉皇家物理研究所所长兼柏林大学教授，计划在柏林进行核武器的具体研制和大规模实验。由于战争条件的限制，该计划直到 1945 年初才在德国南部小城海格劳赫实施并近乎取得成功。

尽管海森堡肩负战时秘密使命，他仍被允许数次出访国外，其中包括 1941 年 9 月的哥本哈根之行。海森堡是否在哥本哈根将德国的核武器计划泄露给了玻尔已成为一个历史谜团。在欧洲战事即将结束时，一个美国特别分队逮捕了海森堡和其他 9 位德国原子物理学家。他们被拘留在英国将近一年，接受盟军的秘密审讯。在拘留所里，海森堡等人获悉了日本广岛和长崎被美军原子弹摧毁的消息。第二次世界大战以核武器的研制成功和毁灭性使用后果而告终。

◎ 费 米

费米（1901—1954 年），美
籍意大利裔物理学家，1938 年诺
贝尔物理学奖获得者，被称为
"现代物理学的最后一位通才"。
费米出生于意大利首都罗马，
1922 年获得比萨大学物理学博
士。1926 年，费米发现了一种新
的统计定律"费米狄拉克统计"。
他发现这种统计适用于所有遵循
泡利不相容原理的粒子，这些粒
子现在被称为费米子。费米狄拉
克统计和玻色子所遵循的玻色爱

费 米

因斯坦统计，是量子世界的基本统计规律。

　　1934 年，费米在原先的辐射理论和泡利的中微子理论基础上提出
了 β 衰变的费米理论。实验演示，几乎所有元素在中子轰炸下都会发
生核变化。由于在人工放射性和慢中子方面的工作，费米被授予了
1938 年诺贝尔物理学奖。后来，为逃避墨索里尼法西斯政府的迫害，

费米移居美国。1938年到1942年期间，费米任纽约哥伦比亚大学教授。从1942年直至去世，他是芝加哥大学的物理学教授。

1942年12月2日，费米在芝加哥大学体育场的壁球馆试验成功了首座受控核反应堆。在第一枚原子弹的建造过程中，他是主要领导者。第二次世界大战后，费米的主要研究方向是高能物理，他在介子核相互作用和宇宙射线的来源等方面都做出了开创性的工作。1954年，费米在芝加哥去世。

费米对理论物理学和实验物理学均作出了重大贡献。他是量子力学和量子场论的创立者之一。他首创了弱相互作用（β衰变）的费米理论，负责设计建造了世界首座自持续链式裂变核反应堆。他还是曼哈顿计划的主要领导者。以他的名字命名的有费米黄金定则、费米狄拉克统计、费米子、费米面、费米液体及费米常数等。

"原子弹之父"

1901年9月29日，费米出生于罗马的一个铁路工人家庭，母亲是一位中学教师。费米的童年和少年时期是在罗马度过的。1918年，他考入了比萨大学高等师范学院。1922年，以研究X射线的论文获得物理学博士学位。后不久，他赴德国哥廷根大学，成为玻恩的学生。1924年，费米回到意大利，在佛罗伦萨大学任教。从1926年起，费

米任罗马大学理论物理学教授。由于他的卓越才能，很快出了名，并且成为新成立的罗马大学物理研究所的核心人物。

费米被称为"原子弹之父"，于1945年7月16日成功地试验了第一颗原子弹。1942年，在他的领导下，建成了世界上第一个原子核反应堆。费米是自伽利略以来，意大利最伟大的科学家。他深感原子弹在日本广岛和长崎的灾难之深重，常陷入悲痛和自责之中。费米的科学贡献是告诉了人们什么是黑暗，以及与黑暗搏斗的方式。

1945年7月16日，人类历史上第一颗原子弹试验成功。凌晨5点30分，天空中突然闪现一阵耀眼的光亮，把大地照得如同白昼一般。紧接着，一阵震耳欲聋的爆炸声从远处传来，闪光和声响处升起了一朵巨大的蘑菇云。那壮观的情景，就如同千万条鳞光闪闪的蛟龙在缠绕厮杀，激战不已。从此，人类首次实现了有控制地释放原子核中所蕴藏的巨大能量，社会的航船开始驶入原子时代的"海域"。

谁是这艘航船的舵手？恩里科·费米，一位意大利物理学家。正是他所完成的用慢中子轰击元素原子核的实验，为自持链式反应奠定了基础；正是他所领导下的一批杰出科学家，从实践上找到了释放核能的可行途径。难怪人们称他为"原子弹之父"！费米无疑是自伽利略以来最伟大的意大利科学家，是1925—1950年间世界上最富创造性的物理学家之一。不同寻常的是，在一个不断产生专业化人才的时代中，他既是杰出的实验家又是优秀的理论家。

费米以出版意大利的第一本现代物理学教科书《原子物理学导论》作为开端，很快就把意大利年轻物理学者中的佼佼者吸引到他的周围。但意大利法西斯主义的嚣张导致意大利科学天才的流失。由于

妻子是犹太人，1938 年，费米借领诺贝尔奖金之机，携家移居美国，开始担任芝加哥大学教授，1942 年以后到新墨西哥州的洛斯阿拉莫斯，从事新的研究工作。1945 年 7 月 16 日在这里成功地试验了第一颗原子弹。1946 年，费米被授予梅里特国会勋章，然后回到芝加哥大学，任该校物理研究所教授。他是美国原子能委员会科学顾问委员会的委员。1953 年，费米任美国物理学会会长。1954 年 11 月 28 日，由于胃癌，费米逝世于芝加哥，终年 53 岁。

富有正义感的科学家

费米是一位刻苦勤奋、富有正义感的科学家。1939 年春，费米刚到美国不久，便向海军部报告了关于核裂变的研究情况。当得知德国科学家用慢中子轰击铀，发现铀核裂变释放巨大能量的消息后，费米联合其他科学家写了封信，请爱因斯坦署名后送给罗斯福总统，吁请注意德国科学家有生产原子弹的危险。因此美国 1942 年组织试制第一枚原子弹（即曼哈顿计划）时，他被派负责生产可控制的自持链式核反应的工作。他设计并领导建成世界上第一座原子核反应堆，同年 12 月在芝加哥大学实现第一次自持链式核反应，为反法西斯战争做着自己的贡献。

在科研中，费米是一个踏实谨慎的人，他曾说过："由于科学研

究是一种精雕细琢的工作，因此要求精密和准确。一个科研工作者特别要具备这样的一系列严谨作风：首先，必须对其所做工作认真负责，绝不敷衍塞责，苟且了事。第二，必须长期脚踏实地、深入细致地工作，而绝不草率从事，漂浮肤浅。第三，在整个科研工作的每个环节中，都能做到小心谨慎，而绝不鲁莽行事、粗心大意。"

费米还是一个十分关心年轻科学家成长的人，他创建了一个研究生院，并亲自给研究生授课。一大批来自美国和其他国家的年轻人很快慕名来到了芝加哥大学，聚集在费米的身边。这些人后来都成了著名的物理学家，其中包括盖尔曼和来自中国的杨振宁、李政道等人。芝加哥大学很快成了举世瞩目的物理学研究中心，费米以他的无私的教育为世界科学的发展作出了巨大贡献。

费米一生荣誉很多，1929 年即被选进意大利皇家学会，是当时最年轻的会员，他还是英国皇家学会的外国会员。为了纪念他的功绩，在原子物理中以他的名字命名了长度的单位，固体物理中命名了费米面、费米能级等。同时，原子序数为 100 的元素被命名为镄。美国原子能委员会还专门设立了费米奖金。1954 年他荣获了首次颁发的费米奖。但他从不满足于自己的成就，并对名利持一种淡泊的态度。当原子弹试验成功后，他赢得了世界性的称颂，他却说："荣誉，只是一顶缀满鲜花的帽子，不小心掉在了我的头上。"当然落在日本广岛和长崎的两颗原子弹造成的却是另一种后果——这两颗炸弹夺去了近 50 万日本平民的生命。为此，费米陷入了深深的悲痛和自责之中。

善于发现与运用

　　费米的研究工作主要是在高能物理和计算机方面，特别对于高能物理的发展作出了杰出的贡献。在宇宙射线的来源的研究中，费米同样有出色的成就。战后，他的主要精力转到了教学方面，领导建立了芝加哥学派，培养了一大批优秀物理学家，诺贝尔物理学奖获得者李政道和杨振宁都曾是他的学生。

　　1934年，费米提出了β衰变的定量理论，为现代基本粒子相互作用理论奠定了基础。他对中子引起的核反应进行了大量的工作，提出了热中子散理论。1934年以后，由于人工放射性的发现，费米开始转向实验工作。他系统地用慢中子轰击整个周期表中的每个元素，并注意观察产生的结果。当慢中子轰击天然元素铀时，引起了铀的嬗变。1939年初，德国两名科学家用铀重复了费米的实验，从而打破了当时认为核裂变几乎是不可能的传统看法，确立了核裂变的观点。此后，费米致力于裂变链式反应的研究，为发展原子弹和原子核反应堆的理论作出了贡献。1942年，在他的领导下，世界上第一个原子核反应堆建成了。

　　费米的成就，是理论和实践相结合的突出体现。他善于运用数学知识解决实际问题，并善于观察实验中的每一微小变化，从而导致了理论和实验的巨大成功。费米很注意知识的积累和科研的循序渐进，他曾指出重大的科研成果往往要经过很长时间的接续工作，总结一次又一次的微小成就，积累点滴的成果或阶段性成果后才取得的。科研工作者要有科研素养，即要有穷究的决心；要攻坚堡垒不怕硬；要注意基本训练，认真从事科研的每个环节；要沉着苦干，细水长流；要把失败的经验教训变成继续前进的动力，不要因一次或多次失败而灰心；要谦虚谨慎，不要因微小的成绩而自满，故步自封。如果能够做到这些，就会有可能获得最终成功。

意志力与韧性

费米自幼时起就刻苦勤奋，并有天才般的想象力，这促成了他的成就。但更为重要的成功因素却是：他的好奇心、创造心和坚强的意志、百折不挠的韧性。"好奇心造就科学家和诗人。"从法国小说家法朗士这句话就可看出好奇心与科研工作的关系。一个科研工作者需要有强烈的好奇心，旺盛的求知欲，酷爱探索和钻研。他要十分关心研究对象和问题的各个方面，并不断地追求到底，对于客观世界有好奇心，才会发现观察事物、解决问题的兴趣，才能有志于探索和思考客观事物。

中国有句古话："世上无难事，只怕有心人。"科学研究固然是一种艰苦的劳动，但正如费尔巴哈所说的，"自然界是一本不隐藏自己的大书，只要我们去读它，我们就可以认识它"。因此，只要我们承认困难，分析困难，不向困难低头，努力把它们克服，就一定能够做出成果。费米的成功正源于此。费米说：

（1）从个人观点来看，科学已经给了我一个所能期望于他的职业的一切可能的满足和愉快。但是，在我的一生中，科学已经成为公众关心的事情，我青年时期那种"为艺术而艺术"的观点，现在已经过时了。科学已经成为我们文明的一个不可缺少的和最重要的部分，而科学工作就意味着对文明的发展作出贡献。科学在我们这个技术时代，具有社会的、经济的和政治的作用，不管一个人自己的工作离技术上的应用有多么远，它总是决定人类命运的行动和决心的链条上的一个环节。只是在广岛事件以后，我才充分认识到科学在这方面的影响。但是后来科学变得非常非常重要了，它使我考虑在我自己的时代里科学在人类事务中引起的种种变化，以及它们会引向哪里。

（2）我属于那样的人，他们认为：科学——是壮观的美。科学家在自己的实验室里不只是技师，而且还是面对着神话故事般的自然现象的小孩。我们不应当允许人们那样想，似乎科学的进步归结于机械、机器、力的传动装置，尽管在它们之中也有自己的美。我还不认为：勇于创造的进取精神正在冒着从我们的世界上消失的危险。如果说我看到自己周围环境里的某种活生生的东西的话，那么这正好是勇于创造的进取精神，而且这种进取精神是根深蒂固的，是同求知欲密切相关的。

具有坚定不移的性格；智力方面锲而不舍的努力；只知贡献一切

而不知谋取或接受任何利益的自我牺牲精神；尤其是成功不骄傲、灾祸不能屈的非常纯洁的灵魂，这就是费米。费米将人类带入了"原子时代"。随着时光的流逝，他所建造的那座反应堆早已成为历史的古迹，供人们参观游览和凭吊。然而，与反应堆、与原子弹时代紧紧联系在一起的费米的名字，却是永垂不朽的。

◎ 诺伊曼

诺伊曼（1903—1957 年），匈牙利数学家，电子计算机之父。生于匈牙利布达佩斯，卒于美国华盛顿。父亲是犹太血统银行家。他是个数学神童，12 岁就对集合论、泛函分析等深奥的数学领域了如指掌。早年在柏林大学和苏黎世联邦工业大学学习化学，1926 年获得博士学位。1930 年应聘到普林斯顿大学任教。1933 年成为普林斯顿高等研究院

诺伊曼

第一批终身教授。第二次世界大战期间，诺伊曼担任制造原子弹的顾问，并参与电子计算器的研制工作。1945 年，诺伊曼提出了"程序内存式"计算机的设计思想。这一卓越的思想为电子计算机的逻辑结构设计奠定了基础，成为计算机设计的基本原则，因此他被誉为"计算机之父"。

冯·诺伊曼是 20 世纪最杰出的数学家之一。20 世纪 40 年代以

前，他主要研究纯粹数学，在集合论、测度论、群论及算子理论等方面作出贡献。他建立的算子环理论为量子力学奠定了数学基础，代表作是《量子力学的数学基础》。1940年后，诺伊曼转向应用数学，在力学、经济学、数值分析和电子计算器方面有重要贡献。第二次世界大战开始后，因战事需要研究可压缩气体运动，建立冲击波理论和湍流理论，他对非线性双曲型引入人工粘性项的差分方法，已成为现代流体计算的主导方法，发展了流体力学。

1944年8月，诺伊曼加入莫尔计算机研制小组，为计算机研制翻开了辉煌的一页。1955年，诺伊曼以"关于EDVAC（离散变量电子计算机）的报告草案"为题，具体介绍了制造电子计算机和程序设计的新思想，其由计算器、逻辑控制装置、存储器、输入和输出五大部分组成，这份报告是计算机发展史上一个划时代的文献。诺伊曼在计算机总体配置和逻辑设计上所做的卓越贡献，推动了电子计算机的发展。

在研制原子弹的过程中，诺伊曼与波兰数学家乌拉姆提出蒙特卡罗法，开创统计模拟方法。诺伊曼在经济领域是创立了对策论，1944年出版的《对策论与经济行为》成为经典经济学著作。

"计算机之父"

1903年12月28日，约翰·冯·诺伊曼生于奥匈帝国的第二首都——匈牙利的布达佩斯。作为一位数学家，在他短短的一生中，为许多科学技术领域创建了伟大的业绩。他发表的论文和著作多达140多篇。他的第一篇专业论文是在不满18岁的时候写成的，后来每年都要写出4~5篇。当然仅凭论文和著作的数量是难以衡量科学研究的伟大与否的，但是考虑他研究的工作，莫不受到人们高度评价，我们就有理由认为，他是一个才智过人和有坚韧不拔毅力的人。

诺伊曼诞生时，匈牙利还是奥匈帝国的一部分。当时，奥地利皇帝弗朗茨·约瑟夫兼任匈牙利国王。与以前相比，匈牙利的社会和经济地位有所提高，民族文化也有发展。后来，匈牙利政界的主流日趋保守，在第一次世界大战中，它参加了德奥同盟。大战后期，1918年爆发了布达佩斯革命，匈牙利同奥地利分离，实现了共和制。社会主义者卡洛伊建立临时政府，但是在处理停战问题上失败了。继之，共产党人昆·贝拉掌握政权，由于罗马尼亚军队的进攻，数月之后便倒台了。从此以后匈牙利又复辟帝制，成为王国。

根据1920年的《特里亚农条约》，匈牙利丧失了原有领土的72%，许多匈牙利人也变成其他国家的少数民族。同时匈牙利又发生

了严重的经济危机，布达佩斯沦为一个小国的城市。诺伊曼就是在国家处于这种状况下成长起来的。诺伊曼的家族是匈牙利籍的犹太人。正如他的姓名所表明的，由于祖辈在事业上的功绩，他的家曾获得贵族称号。他的父亲马科斯·冯·诺伊曼原是一位银行家。约翰·冯·诺伊曼有弟兄三人，他排行老大，他是在一个非常优裕的家庭环境中长大成人的。

诺伊曼的爱称叫约尼，他在家里受教育。在各种场合，他都显示出他才华出众，记忆力超群。特别是对于科学，他更表现出极大的兴趣。第一次世界大战开始那年（1914 年），原来一直在家里受教育的诺伊曼才 10 岁就进入布达佩斯的高级中学。入学后，他的天才得到了进一步的发挥，12 岁就掌握了著名数学家 E·博勒尔的函数论。他的老师拉斯洛·拉茨对诺伊曼的非凡天资非常惊异，觉得普通的学校教育难以充分发挥他的天才。于是，便同诺伊曼的父亲商量，让他在数学方面给儿子请一位家庭教师。诺伊曼的父亲向布达佩斯大学的数学家库尔施克教授求援。这位教授推荐大学的助教费克特当诺伊曼的家庭教师，教他数学。

在费克特的教育下，诺伊曼的数学才能得到进一步发展。1921年，他在高中毕业考试时，就已被公众认为他将成为第一流数学家。因为在不满 18 岁时，他就在德国的数学杂志上发表了和费克特共同研究的关于多项式的论文。1921 年，诺伊曼进入布达佩斯大学，专攻数学。大学里的数学课程，对他来说已没有学习的必要。大学的四年时间，他是在苏黎世的瑞士联邦工业大学和柏林度过的。回布达佩斯，仅仅是为了应付期末考试。他在瑞士联邦工业大学获得化学硕士的学位，与此同时又从布达佩斯大学获得数学博士的称号。

化学和数学，是分属科学部门两端的学科。仅因他能够同时掌握不同领域的两门科学，就足以证明他的超人的智力。而更突出的是，他在苏黎世学习化学期间，还用大部分课余时间钻研数学专业和撰写论文。在当时的苏黎世，还有魏尔和波利亚等杰出的数学家，诺伊曼同这些数学家交往，吸收他们的知识以丰富自己。诺伊曼自己也说，他在学术上尤其受到40岁左右、年富力强的魏尔的影响。还在自己是学生的时候，诺伊曼就在魏尔短期出差期间为他代课。

除学术以外，在其他方面诺伊曼也深受魏尔的影响。两人的关系与其说是师生，不如说更像朋友。后来，他们俩人先后去了美国，都在普林斯顿大学，结成了莫逆之交。诺伊曼在获得学位的第二年（1927年）担任柏林大学的无薪讲师。在这一年，他还同希尔贝特、诺伊德海姆共同撰写了关于量子力学的论文。1932年，他在论文的基础上出版了《量子力学的数学基础》一书。1926年，他在格廷根的学会上作了《关于社会竞争的理论》的学术报告，并于1928年写成了论文。后来他又进一步发展了这一理论，最后撰写成《竞争的理论与经济活动》名著。也是在这个时期，他还就代数基础论和集合论发表了许多篇论文。由于这些学术成就，诺伊曼成为世界闻名的学者。

法西斯主义抬头与移居美国

1929 年，诺伊曼担任汉堡大学的无薪讲师。一年之后，他又成了美国普林斯顿大学的客座教授。他 27 岁时（1931 年），成为该大学的终身教授。这样，他每年的一半时间生活在欧洲，另一半时间要在美国度过。1933 年，美国在新泽西州建立了普林斯顿高级研究所。诺伊曼从一开始就成为研究所的数学物理学的终身教授。当时他才 29 岁，是所内年纪最轻的教授。诺伊曼后来正式移居美国，于 1937 年取得了美国公民权。

诺伊曼移居美国是由于他的老师魏尔 1928 年、1929 年不断邀请他去普林斯顿，并受到魏尔的推荐。但是，他离开欧洲的另一个原因则是法西斯主义在德国的抬头。在第一次世界大战中遭到失败的德国被迫接受了凡尔赛条约的苛刻条件，但是人民群众不满意。战后猛烈的通货膨胀使民众生活陷于困境。民族沙文主义引起的风潮日益发展。从 20 世纪 20 年代后期到 30 年代初，全世界又受到经济危机的冲击。在这种背景下，1933 年希特勒政权出现了。法西斯主义的抬头和经济危机也给文化以强烈影响，科学领域也并不是世外桃源。

诺伊曼在 1927 年担任柏林大学的讲师，1929 年又任汉堡大学的讲师，但是都不拿薪水。无薪讲师都想进一步得到教授的职位。可是

在当时德国的大学里，几乎没有教授的空位。在第一次世界大战后的欧洲，由社会的不安定而产生的无形压力，把学者们逼进了要么成为非凡的人物，要么无所作为走向死胡同。这样，使某些人在某些方面取得了突出的研究成果，而另一方面也促使科学家们移居到限制较少、偏见较少的国家中去。

当时美国为了在科学上取得飞速发展，给科学家们创造了良好的工作条件。各研究所和大学，为提高教育和研究水平而竞相招聘欧洲学者。科学家们的交流也促使美国成为接纳来自欧洲、要求自由的科学家的国度。在希特勒夺取政权之后，美国又成为无法为德国政体所容纳的科学家们的流亡地，造成德国的科学家大举流入美国。

希特勒曾说："我们的既定政策即使对科学家来说，也不能取消或作修改。如果解雇犹太人科学家就意味着德国科学的灭亡，那么我们宁愿在没有科学的情况下干下去！"诺伊曼于1933年访问德国，他记述了当时德国国内的疯狂气氛："德国的状况极令人忧虑，而且使人感到可怕。毫无疑问，只要这些人再干二年，至少会破坏一代人的科学。"

这段话是他在写给普林斯顿的数学家奥斯瓦尔德·维克伦的信中说的。他在信中还列举了仅他知道的面临失去地位危险的数学家和物理学家的名字。在德国，从希特勒执政至1936年4月，共有1600多名学者被当局赶出大学和科学研究机构，其中大约三分之一是自然科学家。德国的科学就这样走向下坡路。科学中心由此转移到美国。

同时到普林斯顿高级研究所来的德国科学家，还有爱因斯坦和维纳等人。流亡到美国后，科学家并不都能顺利地找到工作。但是，当

时的美国开放而有生气,较快地使这些流亡者融合在新的生活中。可以说,诺伊曼自己也是最早融进美国社会中去的德国人之一。1930 年移居美国的那一年,他和玛丽埃塔·科维希结婚。

从 1933 年开始,他所在的普林斯顿高级研究所成为数学和物理学方面英才云集之地。而且,数学研究室和物理研究室之间建立了密切的联系,充满着浓厚的学术气氛。诺伊曼的家庭也洋溢着令人舒畅的社交气氛,经常有人到他家里来作客。诺伊曼热情好客,对来访者有着浓厚的兴趣,乐意同他们海阔天空地交谈。他喜欢通俗的喜剧,也很幽默。1935 年,他的女儿玛丽娜出生。虽处在经济萧条时代,但他们的生活还算安定。

诺伊曼对历史的兴趣仅次于对数学的爱好,他的朋友 S. 尤拉姆说:“他对古代史的了解是那样的详细,简直达到了令人难以置信的程度。例如,他记住了吉本所著《罗马帝国的衰亡史》中所有的趣闻轶事,并且喜欢在茶余饭后谈论历史。有一次,美国数学会在杜克大学开完会,到南部去旅行,途经南北战争的古战场附近。他对战争当时的一些最小的细节都非常熟悉。我们对此无不感到惊讶。”

诺伊曼还是罕见的语言天才。他令人吃惊地掌握了拉丁文和希腊文,能流畅地用英语、德语、法语同人交谈,他讲课也富于文学性。在研究方面,他一直精力充沛地工作。1932 年以从数学上总结量子力学发展的形式在柏林写出了《量子力学的数学基础》一书。在同一个时期内,他还写出了关于经济平衡发展的论文。1937 年,他发表了关于算符的理论,完成了确立连续几何学的伟大业绩。与此同时,他还部分地解了希尔贝特的第五个问题,从数学上证明了埃尔戈德定理。

从1930年下半年开始，诺伊曼又埋头钻研起流体力学湍流中的偏微分方程式。这成为把诺伊曼引向研究电子计算机的开端。他的活动范围很广，曾经多次访问欧洲，1935年夏天访问格廷根大学；1936年夏天参观巴黎的普安卡雷研究所，从而进一步深化了自己的研究。不久，他同妻子玛丽埃塔·科维希之间出现了矛盾，最后两人分手。1938年夏，诺伊曼访问布达佩斯时，同克拉拉·丹再婚，成为终身伴侣。后来，克拉拉·冯·诺伊曼成为最早编写关于电子计算机的数学问题规则人之一，也是早期计算机技术的确立者之一。

后来，诺伊曼同莫根施特恩共同撰写出版了《竞争的理论与经济活动》一书。这本划时代的著作长达640页，诺伊曼常常是从早饭后起执笔写作，直到傍晚。据说他的贤内助克拉拉曾埋怨他说："竞争理论一开始，他就无暇他顾了。大概要一直干到出现大象为止。"果然，在这部书的第64页插入了大象图。诺伊曼就是这样一个富于幽默天才的人。

1942年美国根据曼哈顿计划，以准备对德作战为目的，设立了主要是制造原子弹的洛斯·阿拉莫斯研究所，由奥本海默作领导人。诺伊曼通过和物理学家的交流，参加了关于核裂变现象所潜在的未知可能性的讨论，而且从事着与国防问题有关的科学研究。从1934年年底起，他以顾问身份参加了洛斯阿拉莫斯研究所的工作。洛斯阿拉莫斯研究所给了诺伊曼许多研究课题，例如能量积蓄的过程、由爆炸而产生的流体力学上的运动的计算、采取放射线形式的能源的分布、爆炸达到临界之后四周物质的运动量等等。而且这些问题又是非尽快解决不可的。对于这些问题，即使是求得非常粗略和近似的解决，也都不

是轻而易举的，为了求得一个定量的值，必须进行大量而困难的计算。由于工作的需要，把他引向研制高速度的电子计算机。

诺伊曼同莫里克、埃克特一道研究出把存储装置和基本指令组合在一起，把控制指令内藏在存储装置的方法。这样，改变程序也就无须改变配线了。这就是所谓的内藏程序方式。由此而产生的便是"EDVAC"（离散变量自动电子计算机）。就这样，电子计算机从单纯的运算机械进化为孕育着无限可能性的万能机械。

诺伊曼进而还通过在自己的多方面研究上应用电子计算机，在运算理论上对电子计算机的使用作出了重要贡献。例如他在程序上使用流程图，确立了蒙特卡罗法及计算初等函数和超越函数的子程序等。在电子计算机的漫长的历史上，没有哪一个人可以独占发明者的席位。但可以说，诺伊曼是一个可以获得为计算机技术作出伟大贡献的人物。电子计算机在第二次世界大战后，由于晶体管和二极管的发明和集成电路的使用，获得飞跃的发展。

1955 年夏天，诺伊曼感到左臂剧痛，医生诊断是肿瘤。后来病情虽有时有好转，但从这年的 11 月底开始，又恶化了。病灶蔓延到脊椎，他连走路都困难了。第二年他不得不坐在轮椅上度日。尽管遭到病魔的袭击，诺伊曼仍然顽强地、精力充沛地进行各种活动。白天，他上班，工作，旅行；晚间，他彻夜不眠地写科学论文和干其他的事情。电子计算机和自动化是他晚年埋头研究的领域，也是他刚刚开拓的全新的科学技术领域。可惜的是，他的病情日益恶化，他不得不接连取消讲演和旅行计划。1957 年 2 月 8 日，诺伊曼在他最心爱的夫人守护下闭上眼睛永眠了。享年仅 53 岁。

◎ 罗伯特·奥本海默

　　罗伯特·奥本海默（1904—1967 年），美国犹太人物理学家，曼哈顿计划的主要领导者。出生于美国纽约家境富裕的犹太人家庭，母亲是个天才画家，她鼓励奥本海默接触艺术和文学。奥本海默 1925 年毕业于哈佛大学，随后到英国剑桥大学深造，后加入到卡文迪许实验室。1926年转到德国哥廷根大学，1927 年以量子力学论文获哥廷根大学博

罗伯特·奥本海默

士学位。1929 年夏回到美国，在柏克莱大学和加利福尼亚大学任教。

　　1939 年 9 月，第二次世界大战爆发，情报显示德国已在海森堡的主持进行原子弹的研究。美国罗斯福总统下令成立最高机密的曼哈顿计划，目标是赶在德国之前制造原子弹。1942 年 8 月，奥本海默被任命为研制原子弹的"曼哈顿计划"的实验室主任。1947 年担任原子能委员会主席，和爱因斯坦一起反对试制氢弹，认为会引起军备竞赛，

威胁世界和平。

1940年，罗伯特·奥本海默跟左翼分子、生物学家凯塞琳结婚，奥本海默的妻子、前女友、弟弟等人和共产党都有很深关系。1937年，他父亲去世时为他留下30万美元的遗产，他用来资助西班牙内战中反法西斯的国际纵队并资助美国左翼活动。因此被钉上"与共产党人合作，包庇苏联间谍"等罪名，成为麦卡锡主义的牺牲品。1953年美国政府对他进行审查，解除他的职务。他曾向美国总统杜鲁门表示："我们科学家的双手沾了血"。

奥本海默不看报纸、不看新闻报导，对政治缺乏兴趣。研究范围包括天文、宇宙射线、原子核、量子电动力学、基本粒子，爱读梵文《薄伽梵歌》经典。奥本海默晚年患了肝炎，1967年在普林斯顿死于喉癌。遵照他的遗嘱，将他火化，骨灰撒到维尔京群岛。

美国原子弹之父

1904年，罗伯特·奥本海默出生于纽约一个富裕家庭。由于家道中落，法西斯主义的崛起，到他成为柏克莱大学和加州大学的物理学教授时，已经是一个政治观念左倾激进的人了。1942年，奥本海默入选一个物理学家团体，评估制造原子弹的可能性。主持美国政府这个"曼哈顿计划"的戈罗夫斯将军深为奥本海默的思想和才华所吸引，他不顾监督"曼哈顿计划"的一些安全官员的反对，将奥本海默任命为洛斯·阿拉莫斯实验室的主任。

这个新的实验机构在 1943 年 4 月成立的时候只有几百名科学家，但是迅即发展成一个拥有 6000 名男女专家的"秘密之城"。27 个月以后，这些专家在他们呢称为"奥匹"的奥本海默领导下，成功地制造出世界上第一个原子弹。洛斯·阿拉莫斯的人们一致认为，没有奥本海默的非凡领导才能，原子弹赶在战争结束之前实验成功并且投入使用，是不可能的。对于成为美国原子弹之父的奥本海默来说，这是一种骄傲，更是一个沉重的负担。

位于美国新墨西哥州旷野中的"秘密之城"洛斯·阿拉莫斯范围很大，密布着许多低矮的办公室、实验室。奥本海默不是驾驶一辆军用吉普，就是开着他自己的那辆大型黑色别克，在这些办公室、实验室之间出没。每到一处，他总是坐在房间的最后面，不停地抽烟，静静地聆听大家的讨论。他的出现常常可以激活人们更高的想象能力。物理学家威斯科夫说："每当一个新的计划开始试行，或者一个新的概念开始酝酿，奥本海默就会出现在那个实验室或者讨论会现场。大部分时候，他都不会提出他自己的见解或者建议。他的重大影响来自其他方面。他的连续、长时间出现，使我们强烈地感觉到，他是和我们直接在一起的。"

1944 年底，盟军登陆诺曼底 6 个月以后，形势已经非常清楚：欧洲战事即将结束。洛斯·阿拉莫斯的科学家们开始从道德角度，思考继续研制这种大规模杀人武器的必要性。实验物理部主任威尔森就此问题和奥本海默进行了长时间谈话。他建议，举行一个正式的会议来

公开讨论原子弹是否必要的问题。威尔森发现奥本海默面有难色："他建议我们说点别的什么，因为他不想让那些安全人员来找我的麻烦。"尽管对奥本海默心怀尊敬，威尔森还是在洛斯·阿拉莫斯遍贴告示，宣布举行一次公开会议，讨论"原子弹对文明的冲击"问题。

会议有 20 个人参加。令威尔森意外的是，奥本海默准时出席会议，聆听了大家的讨论。后来威尔森回忆道："我们进行了一次深入畅快的讨论，讨论的主题是：大战胜利在即，为什么还要制造原子弹。"年轻的爆炸技术物理学家罗森记得奥本海默在一次讨论会上的演讲，题目是"美国对人类社会使用这样的武器是否正确"。奥本海默强调，身为科学家，在如何使用原子弹这样的问题上，我们发表意见的权利和普通公民是一样的。罗森说，奥本海默是一个"非常雄辩而且有说服力的人"。

化学专家赫契菲尔德也记得一次类似的讨论会，举行地点是洛斯·阿拉莫斯一处矮小的木屋。那是 1945 年初一个寒冷的星期天黄昏，天降暴雨。奥本海默说，尽管我们大家都注定生活在永久的恐惧之中，但是，这样一颗炸弹有可能结束所有的战争。这样的一个希望对于许多正在组装原子弹的科学家们有相当的说服力。在另外的场合，奥本海默也说过，如果世界上的人们不了解这样一种新型武器已经问世，这场战争是不应该结束的。如果原子弹依旧是一个军事秘密，那么下一次大战必定是一场原子弹战争，并且会被用来进行突然袭击。

1945 年 4 月 12 日，正好是洛斯·阿拉莫斯实验室建立两周年，传来了罗斯福总统逝世的消息。奥本海默在吊唁罗斯福总统的会议上说，多年来我们大家都经历了巨大的痛苦和恐惧，罗斯福总统使得全

世界亿万人民有了信心：我们在这场战争中所做出的牺牲，将使一个更加适合人类文明的新世界诞生。他的结论是："我们应该献身于这个理想，使这个壮丽事业不会因为罗斯福总统的死亡而中止。"

原子弹爆炸成功

杜鲁门入主白宫以后，太平洋战场进入了最血腥的杀戮阶段。1945 年 3 月 9 日晚上，334 架 B－29 轰炸机向东京投下了无数吨凝固汽油弹和高爆炸弹，高温火焰杀死了 10 万人，将东京 16 平方公里的地区一举夷为平地。这样的火焰轰炸袭击一直持续到 7 月。日本数十万平民丧生，仅剩下 5 个城市没有毁灭。这是纯粹的战争行动，轰炸不再仅仅针对军事设施，盟军的目标是摧毁整个国家。

1945 年 4 月 30 日，希特勒自杀。7 天以后，德国投降。物理学家西格瑞（EmilioSegre）的第一个反应是"我们动手得太晚了"。他认为，制造原子弹的唯一目的就是轰炸德国。西格瑞的想法代表了洛斯·阿拉莫斯实验室大多数科学家的意见。他后来在回忆录中说："原子弹不能再用来对付纳粹，大家疑虑丛生。这种疑虑在正式报告中是看不出来的。我们在各种私下的场合讨论这个问题。"

5 月 31 日，奥本海默出席了斯汀生组织的内务委员会会议。这是一个由政府官员组成的特别机构，目的是为战争部长参议未来的原子

能计划。战争部长告诉奥本海默和别的科学家，他和内务委员会的其他官员都认为，原子弹"不但是一种新型武器，而且使得人和自然的关系发生了一种革命性变化"，"原子弹是一种科学怪物，可能将人类吞噬"。斯汀生强调，原子弹可以巩固世界和平。原子弹的出现，"从各种角度来看，都远远超越了这场正在进行的战争的需要"。

斯汀生问及原子能的非战争用途时，奥本海默发言。他首先强调，在现在阶段，科学家们最关心的是如何缩短战争。由于原子物理学的基本知识在世界上的广泛传播，他指出，美国最明智的做法是将和平利用原子能的方法和各国共享。"如果我们能够在原子弹真正使用以前将原子能利用的资讯公开，美国的道德力量将会大大加强。"

午餐以后，与会者开始提出对日本投掷原子弹的问题。当时的会议没有正式记录留存。一直到正式会议结束以后，人们还在讨论原子弹可能造成的效果。有人提出来，投掷一颗原子弹的话，其作用看起来可能和春天以来对日本的大规模轰炸差不多。奥本海默同意这个说法，他补充道："从视觉效果来说，原子弹爆炸是极具威慑性的。"他说，爆炸将形成一个高亮度的发光体，上升到 3000 至 6000 公尺高度。半径一公里以内的生命都有危险威胁。不能针对平民，但是必须有尽可能大的杀伤数量以增加精神威慑力量。

1945 年 6 月 16 日，"曼哈顿计划"最高层次的科学家们提出一份不长的意见书，名为"对于立即使用核武器的意见"。奥本海默在上面签了名，意见书修改以后送交斯汀生。意见书分为两点。第一，在使用原子弹以前，政府应当照会英、俄、法、中四国有关原子弹已经存在的事实，并且欢迎四国与美国合作，利用这个武器为契机改善国际关系。第二，科学家们在如何使用原子弹这个问题上并没有取得一致意见。一些直接参与制造原子弹的科学家建议，用一次演习来取代真正的攻击。"建议用纯粹技术性演习取代真正攻击的学者们希望，将使用原子弹的行为定为非法。他们担心，如果美国率先使用了原子弹，在未来的谈判中将受到谴责"。奥本海默知道，他的大多数同事都是主张以演习取代攻击的。但是，他站在另外一边。这一边的主张是，不能放弃"用军事攻击来拯救美国人生命的机会"。

1945年春天，太平洋地区血战频繁，且日益惨烈。4月6日，美军占领冲绳，日本以最极端手段还以颜色，日本空军组成神风特攻队，以血肉之躯驾驶飞机冲击美国军舰。但是，经过3个月的地面战争，日军投降人数高达7400名，显示日军内部心理防线开始溃败，可是日本政府仍然在抵抗。美军截获的日本密电显示，天皇本人仍然表示"反对投降"。一直到7月事情才有转机。杜鲁门告诉斯大林有"日本天皇要求和平"的消息。问题的焦点在于"无条件投降"的定义。东京希望得到华盛顿的承诺：天皇将不会受到伤害和羞辱。

引起杜鲁门警惕的是，斯大林决定加入对日作战，以迫使日本提早投降。苏联出兵日本本土的时间定在8月15日以前，而美国计划第一波美军在日本登陆的时间最早也在11月1日左右。1945年初夏，杜鲁门总统得到的建议是，一旦原子弹准备就绪，就用它来提早结束战争，而且要在苏联出兵以前动手。奥本海默和他所领导的科学家们对此毫无所知，一直到战争结束以后。1945年的夏天，新墨西哥州异常干旱炎热。奥本海默严厉督促，每个人的工作强度都到了极限。奥本海默在给主持"曼哈顿计划"的戈罗夫斯将军的报告中，要求在正式使用原子弹以前必须进行一次完整的实验。奥本海默说，由于人类在这个领域完全没有具体知识，"不经试验就贸然在敌方国土进行这样一次爆炸是盲目的行为"。

1945年7月中旬的波茨坦会议前，杜鲁门总统示意戈罗夫斯，希望在会议开始的时候手上能握有原子弹这张王牌。在戈罗夫斯的一再施压下，奥本海默终于同意把第一次试验的日期定在7月16日，星期一。离爆炸还有两天的那个晚上，奥本海默睡了4个小时。一个睡在旁边地堡中的军官听见奥本海默不停地咳嗽了半夜。试爆前夜，奥本海默留在总部大厅等候天明。他一支接着一支地抽雪茄，同时一杯接着一杯地喝黑咖啡。最后，他拿起一本波德莱尔的诗集静静地阅读，伴随着他的是一阵阵暴雨击打着铁皮屋顶的声音。

一串闪电划破夜空。物理学家费米忍不住了，他向奥本海默提议，将这次原子弹试爆改期。理由很清楚，如果按照原计划试爆，狂风会把沾染了放射尘的雨云带到别的地区，"那将是一场灾难"。但是气象学家哈巴德坚持，这场暴风雨马上就会过去，试爆只需要推迟一个小时，从早上4点推迟到早上5点，就够了。戈罗夫斯把奥本海默拉到一边，一条条列出理由，强调试验如期进行的必要。戈罗夫斯担心，如果哪一个科学家冲动起来，再来找奥本海默要求试验展期，奥本海默会被打动。他干脆带上奥本海默离开总部，一起来到试验区南端掩护所，商议试验时间的问题。

时间是凌晨2点30分，时速30里的大风刮扫着整个试验场，雷雨声势不减。只有哈巴德和他的几个助手坚持认为，风雨肯定会在黎明时分停歇。奥本海默和戈罗夫斯每隔几分钟就走出地堡，看看天色。

两人不久终于做出决定，试验在 5 点 30 分进行，其余一切听天由命。一个小时以后，大雨渐停，风势转弱，天色晴朗起来。5 点 10 分，试验场地所有的喇叭传出中央控制室的声音："距离试验还有 20 分钟，倒数计时开始。"年轻的物理学家费曼受命在距离爆炸中心 20 里外观察。他怕看不清楚爆炸的情景，所以不打算使用实验室发给他的深色观察保护玻璃，爬上一辆卡车，隔着玻璃向埃拉莫伽多方向等候着。但是，爆炸的第一缕光射来就把他吓得马上蹲下来。

他看到，第一波炫目的白光迅即变成黄色，然后是橘红色。"中心异常明亮的一个橘红色大球冉冉升起，慢慢涨大，边缘变成细细的黑色。这时候你才明白，这是一个无比巨大的火球。"足足过了一分半钟，巨大的爆炸声拖着长长的雷鸣才传来。和费曼在一起的物理学家色贝说："远在 20 里外，我的脸上仍然有烧灼感。"在现场的哈佛大学校长康纳特说，一开始就是占据所有天空的白色闪光，"我以为一定是哪里出了问题，整个世界都烧起来了"。

奥本海默的弟弟、物理学家法兰克·奥本海默也是洛斯·阿拉莫斯实验室的一员，他回忆道："爆炸的第一道光亮得足以穿透紧闭的眼帘，紧接着的就是升起来的巨大、明亮的紫色蘑菇云。"他说，温度高得远远超过了大家的估计，爆炸的巨响在遥远的群山之间滚来滚去，"最可怕的是天上悬着的那些耀眼的紫色云层和黑色的放射尘，好像随时会把地面上的人们吞噬"。稍后，奥本海默用贫乏的言语描述了自己对于爆炸成功的感受，"恐惧"、"不无沮丧"，停顿一会儿，他说："许多孩子还没有成长就面对了死亡。"无论奥本海默怎么想，现场的科学家们都是无比兴奋。劳伦斯描述道："巨大的闪光以后，

足足过了一百秒钟，传来了爆炸的巨响，那是一个新世界诞生的初始啼声！寂静、凝固的景象骤然有了生机。原来躲藏在地下好像沙漠植物似的那一小群人，忽然跳起舞来。"欢呼雀跃了一会儿，大家这才开始相互握手道贺。"大家相互拍肩膀，笑得像孩子一样"。

1945年8月6日，一架美军的B-29轰炸机在日本广岛扔下第一颗原子弹，杀死了7万人。3天后，另一颗原子弹落在日本长崎。8月15日，日本宣布无条件投降。1947年，奥本海默担任普林斯顿大学研究院院长。身为国家原子能委员会总顾问委员会主席，他警告美国不要陷入针对苏联的武器发展竞争，并且反对进行威力更强大的氢弹试验。1954年原子能委员会举行的一次听证会以后，奥本海默被宣布为政治不安全人物，成为当时反赤色恐怖运动最著名的牺牲者。与此同时，他的"原子弹之父"的声明也更加响亮。1967年，奥本海默去世，时年62岁。

◎ 惠特尔

惠特尔（1907—），英国发明家，喷气式发动机的创始人。1907 年 6 月 1 日出生于英格兰南部的考文垂。16 岁时考入英国皇家空军见习学校，毕业后到克兰威尔的皇家空军学院学习。在毕业论文中提出了新型推进系统涡轮喷气发动机的工作原理：先将空气吸入，再经过双面离心压气机压缩，然后在单管燃烧室内喷油燃烧；燃烧后的高压燃气驱动涡轮带动压气机，同时高速从尾喷管喷出，从而产生推力推进飞

惠特尔

机。推导出发动机热力学的基本方程，提出飞机的巡航高度可以达到35000 米。

1935 年，"动力喷气有限公司"成立，试制惠特尔发明的涡轮喷气发动机。1937 年 4 月 13 日，一台双面离心式压气机、10 个单管燃

烧室的燃气涡轮喷气发动机在试车台上运转起来，转速达到11750转/分，发出推力545公斤。喷气式发动机的产生，给世界航空工业带来了一场革命。可为飞机提供强大动力，大幅度提高了飞机的性能。

1941年5月，英国第一架喷气式飞机E－28/39试飞。1945年8月，德国的Me－262喷气式战斗机率先投入使用，这种飞机速度远远超过同期最优秀的活塞式战斗机，令同盟国感到震惊。惠特尔感到十分痛心，毕竟在这场竞赛中是官僚们耽误了他。1948年，英国政府公开承认惠特尔的贡献，封他为爵士，晋升准将。1976年惠特尔移居美国，成为一名大学教授，安静地住在乡间。

喷气式发动机的发明者

喷气式发动机的发明者是英国军人弗兰克·惠特尔。他在试验第一台喷气式发动机以后写道："它的终结是光荣的。"1941年1月2日，这台实验用的发动机在经受了转速为每分钟14000转、长达10个小时的耐久试验后，光荣地完成了它的使命。试验飞机E28－39是在1941年4月初完成的。由于新的W－1型发动机没有完工，滑行试验时使用了W－1－2型发动机。4月7日傍晚，滑行试验准备就绪。格罗斯特公司的试飞员G.塞耶乘坐在螺旋桨处开了进气口孔的单叶机上，在阴雨绵绵的机场草坪上，飞机开始滑行。

当发动机转速达到每分钟13000转时，飞机终于以每小时32公里的速度跑起来。塞耶大失所望，而惠特尔等人则不以为然，因为这时发动机的转速被控制在每分钟13000转以下。第二天，发动机转速提高到15000转，飞机顺利地起飞，飞行高度达到1800～2700米。振动和其他性能良好。塞耶高度评价这次试飞结果。

　　滑行试验是在格罗斯特公司的机场进行的。不久新的发动机也完成了。正式的飞行试验于1941年5月15日傍晚在克兰威尔飞机场进行。这里跑道长，四周又没有障碍物。试飞历时17分钟，完全成功。惠特尔追求了13年的理想终于变成现实。他在谈到这个应在航空史上大书特书的事件时高兴地说："我在这次飞行中和飞行后的激动心情是难以用笔墨和语言形容的。"

　　1907年7月1日，惠特尔出生在英格兰中部的考文垂市。他的父亲从小就在纺织工厂劳动，在没有受过教育的情况下掌握了技术。他是一个典型的技术人员，并有发明的天才和技能。家里放着制图板和其他制图工具，星期天自不必说，平时只要一有时间，他就要思考设计点什么东西。1914年，他的父亲买下一家小工厂，独立经营。惠特尔从10岁左右开始，就在这个小工厂里帮忙，学到了作为一个技术人员的常识。

　　惠特尔11岁从小学毕业后进入中学，并从一开始就享受奖学金。一年级结束时，又享受了另一项奖学金。他自己曾说过，他在中学时代，真正感兴趣的只有化学。除在学校学习外，他还常常去莱明顿温泉图书馆，涉猎工程技术、天文学、生理学等各种自然科学书籍。惠特尔对航空产生兴趣，也是从中学时代开始的。在中学时，他已经理解了航空理论和关于飞机的基本原理。

1922 年，惠特尔参加英国空军招收飞行员的考试，但是体格检查不合格。不甘心第一次失败的惠特尔从此以后加强锻炼身体，第二次应试，于 1923 年 9 月被录取进入克兰威尔飞行学校。惠特尔在飞行学校学习了 3 年。他接受了金属制飞机维修员的训练。这种飞机在当时是最先进的飞机。梦想早日乘坐飞机的惠特尔每天过着严格的学习和训练生活。为了调节这种单调的生活，他参加了飞机模型协会，并在这方面花了不少时间。他认为这是非常有益的活动："制作模型，可以充分学习航空工程方面的知识。在学校当局的心目中，我在制作模型方面的能力弥补了我在其他方面的不足。"

3 年之后，惠特尔升入更高一级学校——空军军官学校。在这里，他接受了飞机驾驶员的训练。军官学校里的学习生活比飞行学校更为严格，而且范围扩大。课程有包括英国文学和历史等在内的人文科学、物理学、力学和航空理论等。在工厂里，还进行维修飞机所需要的各种实习。此外，还要学习通信、气象和武器等军事科目。军官学校 6 个月为一学期，4 个学期结业。学生在每个学期都必须提出论文。惠特尔在第四学期写了《关于未来飞机的设计问题》的论文。这篇论文成为他研究喷气推动发动机的起点。在写作这篇论文时，惠特尔曾经想到："为了同时满足非常高速度和远距离航行的要求，为了减少空气密度，从而减少空气对速度的阻力，应该作高空飞行。"

他这时设想的空气密度是四分之一，时速为 800 公里。当时已经实用化的飞机时速仅有 240 公里。要发挥惠特尔设想的性能，靠螺旋桨发动机是无能为力的，非采取火箭推进或者使用燃气涡轮机驱动螺旋桨的方法不可。不过，惠特尔在思考这个问题时，还没有把燃气涡轮直接用于喷气推动的思想。

1928年7月，惠特尔以第二名的成绩从军官学校毕业，荣获阿布迪·杰拉尔德科学奖。这年他21岁。毕业后，惠特尔被分配到战斗中队、授予空军少尉的军衔。在霍恩查奇的一年半，对他来说是轻松愉快的时期。他得以有时间继续探索适应高度高速度的新式发动机。他终于设想出用燃气涡轮制作推进的喷气发动机，即所谓涡轮喷气发动机的方案。在此之前，他曾构思了把燃气涡轮和螺旋桨组合在一起等各种方法。后来，他才毫不犹豫地集中力量实现自己最后确定的方案。

惠特尔在进行了大致的计算之后，便向飞行学校的教官约翰逊中尉谈了这个想法。约翰逊报告司令官，后来又转告给航空部。可是得到的答复是"没有成功的可能性"。这时约翰逊又劝惠特尔应事先取得专利。惠特尔按规定填写了表格，1930年1月16日通过航空部申请了专利。航空部通知惠特尔说，由于没有耐高温材料，这项发明没有实用化的希望，因而没有机密价值。但是，在18个月之后这项专利还是公布于世了。这项发明的功绩在于把喷气推进和燃气涡轮结合在一起。惠特尔这个构思的实现经过了13年漫长而艰苦的岁月。

军人作风的发明家

　　1928 年 7 月，从军官学校毕业时，惠特尔搭乘飞机的时间共有 80 个小时零 10 分钟。第二年，他从学习飞行教官课程的中央飞行学校毕业时，飞行时间达到 332 个小时。具有勇敢精神和严密思考方法、并养成了军人作风的惠特尔逐年增加飞行时间。与此成正比，他的飞行技术也有显著的提高。第一次表现他的实力的是滑稽飞行。

　　一年一度的英国空军展览会在亨登举行。其中有一个节目就是滑稽飞行表演，参加者是从各飞行学校的教官中挑选出来的代表。惠特尔在这次飞行比赛中和坎贝尔合作。司令部的约巴特观看了飞行表演，他在写给惠特尔的信中说："我认为，您从中央飞行学校的奖状中可以感受到，对为展览会取得成功作出努力的所有军官的感谢之意。如果允许我对于您表演的无与伦比的飞行致以个人的祝贺的话，我将感到光荣。我们对您的绝妙表演技巧更是感叹不已。"

　　由此可以想象，惠特尔的飞行技术是何等的高超。1930 年年底，惠特尔被任命为水上飞机的飞机发射机试验试飞员。第二年一开始，就进行了发射试验。惠特尔又成为人类历史上第一个进行这种试验的人。他出色地完成了危险性极大的试飞任务。1931 年，舰队司令在写给上司的信中说：

"卑职切望阁下特别留意。由英国空军 F. 惠特尔中尉进行的极为令人满意的研究试验。这位军官在不同条件下完成了一系列飞机射出机射出试验，共47次。进而，他还使用最实际的而且最值得赞赏的方法勇敢地进行了紧急降落水上浮泛试验。他执行任务的积极性、严肃飞行的精神以及进行各种研究活动等等，都足以使人深感信赖……"

惠特尔在作为现役军人担任飞行学校的教官和试飞员的期间，只要时间允许，就继续构思涡轮喷气发动机的发展。涡轮发动机的专利公布之后，他从空军得到了自由处理这项发明的许可。为了完成这种发动机，他还绘出了全部零件图，并且和他的朋友约翰逊一起，寻找创办营利公司的合作者。

1930年10月4日，他同约翰逊一起去布鲁克兰，目的是为了会见莱德和杰格里斯特公司的乔治·莱德空军少校。莱德虽然对他们的计划产生共鸣，坚信会取得成功，但又认为研究工作需要巨额费用，因此劝说他们寻找有更大财力的支持者。这年年底，惠特尔去拉古比市，参观了豪斯顿涡轮工厂，向萨米埃尔森和科林加姆谈了自己的计划。研究惠特尔提出的那种发动机需要6万英镑的费用。他们无意拿出这么多钱来。原因是当时正值经济萧条时期，而且惠特尔的发动机只能应用在飞机上，他们觉得把它列为公司的一种产品是无利可图的。

关于制造压缩机的问题，惠特尔试探了一家专门厂商和另一家航空发动机制造商——阿姆斯特朗·西德利公司的意向。前者以不景气为理由，后者以没有信心制造出耐高温的燃气涡轮叶片材料为理由，拒绝制造。在技术人员当中，存在着一种保守思想，某种产品一旦定型之后，便不愿加以改良。而作为公司来说，只有在能带来充分的利

益时，才愿意制造某种新产品。

得不到任何公司支持的时候，也正是惠特尔军务繁忙的时期。如前所述，这正是他作为试飞员大显身手的阶段。更惊人的是他在百忙之中，竟然还提出了改良飞艇炮架的方案、设计出在飞机的射出机之上装吊炸弹的新方法、设计新的飞机射出机以及简化水上飞机的搬运装置等许多设想。这是 30 岁以前的惠特尔技术才能横溢、创造力最活跃的黄金时代。

对于未能得到公司的合作一事惠特尔说："这使我认识到，在使人们了解整个发动机范围的计划之前，必须使人们首先了解我设想的压缩机的价值。"因此，他决定写论文。惠特尔写成的关于增压机的论文发表在英国航空学会的杂志上。他写这篇论文的另一个目的是想提出一个建议，其内容是说明了驱动主发动机的增压机，需要使用另一台发动机。可是，没有哪家公司理会他的这一建议。

根据惠特尔对喷气发动机的计算，压缩机的性能必须是压力比为 4，效率为 75%。他想告诉人们，这在技术上是可能的。当时最高水平的压缩机的压力比是 2，效率为 62%。惠特尔的计划在当时被认为是梦想。

1948 年，惠特尔退役，军需部和财政部向惠特尔颁发 10 万英镑的无税有功奖金。接着，1948 年 7 月初，惠特尔又在国王诞辰日的授勋式上被授予 KBE 勋章，在 7 月的授爵式上，又由乔治六世授予骑士爵位。他也是克兰威尔空军军官学校毕业生中第一个获得这种荣誉的人。

◎ 约瑟夫森

约瑟夫森（1940—），英国物理学家，犹太人，1940 年 1 月 4 日生于威尔士加的夫。22 岁时提出约瑟夫逊结概念，并凭此获得 1973 年诺贝尔物理学奖。约瑟夫森 1940 年 1 月 4 日出生于英国威尔士的加迪夫。1960 年在剑桥大学三一学院获学士学位。1962 年，约瑟夫森在英国剑桥大学读研究生。他最大的物理学成就是提出约瑟夫森效应。

他认为对于"超导体绝缘层超导体"互相接触的结构（也叫

约瑟夫森

S－I－S 结构），只要绝缘层足够薄，超导体内的电子对就有可能穿透绝缘层势垒，就会导致如下效应：在恒定电压下，既有直流超导电流产生，也有交流超流，其频率为 2eV/h；在零电压下，有直流超流产生，这一电流对磁场非常敏感，磁场加大，电流将迅速减小；如果在

直流电压上再叠加一交流电压，其频率为 v，则会出现一零斜率的电阻区，在这个区域内电流有傅里叶成分，电压 V 与 v 的关系为 2eV/h—nv（其中 n 为整数）。

1963 年，夏皮罗把低阻隧道交叉结放在低温的微波谐振腔里，用 X－Y 示波器显示隧道电流，观察到了台阶形的电流电压曲线，电压台阶的间隔正好是约瑟夫森预言的 hv/2e 值，从而间接地证实了交流电的约瑟夫森效应。

约瑟夫森效应

你听说过"约瑟夫森效应"这个名词吗？它不仅打破了物理学的既成概念，而且在工程技术的应用上也带来了许多崭新的可能性。这一项卓越的发现获得了 1973 年诺贝尔物理学奖。"约瑟夫森效应"是由一个 20 岁刚出头的大学研究生发现的，这并非他本来的研究课题，而是他根据指导教师的指示，在演习问题时偶然推导出来的奇妙答案。因对自己的答案感到迷惑不解，而向客座教授请教，就此开始了二人之间相互信赖和支援的关系。于是，这项本世纪内最伟大的发现便问世了。这位研究生就是在英国剑桥大学蒙德研究所学习的布赖恩·约瑟夫森，支持他的客座教授就是美国贝尔电话研究所研究员菲利普·安德森博士。

带来奇妙答案的演习问题的是一个在大学学习机械工程的人，不知为什么他对固体物力学发生了兴趣。他名叫伊瓦尔·杰维尔，是著名的电机厂家——通用电气公司研究所的年轻助手。后来他和约瑟夫森一道分享诺贝尔奖金的荣誉。后来发明晶体管荣获诺贝尔物理学奖的美国伊利诺伊大学教授约翰·巴丁和另外两位得力的合作者一道，揭开被称为20世纪最大的谜——超导现象的机制，使这一理论提出的实验课题迎刃而解。

1961年，21岁的布赖恩·约瑟夫森正在英国的名牌大学——剑桥大学读研究生，专攻固体物理。他所在的研究室叫蒙德研究室，所长是戴维特·欣伯格教授，指导他写作博士论文的是布赖恩·皮帕德教授，这两位教授都是低温物理学的权威。具有悠久历史的剑桥大学在物理学方面，有举世闻名的科学家牛顿以来的科研光荣传统。1874年，由于当时的校长卡文迪许勋爵的努力，将物理学的研究设备集中在一起，创办了卡文迪许研究所。后来，它便成了物理学教研室的中心。

约瑟夫森所在的蒙德研究所是1933年卡文迪许研究所第四任所长卢瑟福勋爵为从苏联来的、研究强磁场中物质强磁性的卡皮查设立的。在某种意义上说，它是一个研究室。第一任所长卡皮查增加了为自己的研究工作所不可缺少的极低温设施，蒙德研究所从此以后便成为研究极低温物理学的研究室。1961年，欣伯格任第四任所长。这时的卡文迪许研究所所长是萨·内维尔·穆特教授。

剑桥大学的物理学教研室是以实验物理设施为主发展起来的。在

现代物理学的研究方面，竞争异常激烈，稍有松懈就会落在后面。因此，为了固守自己的地盘，在实验和理论两大领域里，学科越分越细，协作攻关已成为取胜的基础。欣伯格教授在研究极低温量子化现象方面是世界首屈一指的实验物理学家。他也著书立说。约瑟夫森作为一个学生，在实验方面深受这位教授的熏陶。皮帕德教授也是一位在极低温物理方面的专家，他在理论和实验两方面都有建树，在世界上亦有名声。后来，他接替蒙德教授就任第七代卡文迪许研究所所长。由此不难推测，他有第一流的水平。约瑟夫森得到名师皮帕德的指点，进行了与他在研究生院原定完成的学术论文题目不同的实验。

研究超导现象的过程

进入 20 世纪不久，荷兰莱顿大学的卡末林·昂尼斯成功地把氦气液化，得到了接近绝对零度的极低温。接着，昂尼斯又在 1911 年发现水银在极低温条件下电阻突然消失了，他把这种现象命名为"超导"。后来，科学家们又陆续发现水银以外的许多金属都有超导性能，并且发现在超导状态下，金属有一种奇怪的性质，这就是磁力线被排除的"完全抗磁性"。至于某种金属变成超导体后，为什么会显示完全的抗磁性，尽管实验事实与年俱增，半个世纪以来仍然在困扰着全世界的理论物理学家，从未有人能作出明确的解释。超导现象被称为物性物理学上最大、最后一个谜，谁能揭开这个谜，可以说是自然科学界关心的一大目标。

1957 年，美国伊利诺伊大学的巴丁、库珀和施里弗三人推导出了 BCS 理论。BCS 是由这三个人的名字的头一个字母组成的。打头的约翰·巴丁（JohnBardeen）教授在贝尔电话研究所工作时曾从理论上负责研究晶体管的一部分，并因这一功绩于 1956 年获得诺贝尔物理学奖。巴丁教授对超导现象的关心，是在他年轻时，即 20 世纪 30 年代。他曾贪婪地阅读 1938 年剑桥大学出版的那位戴维特·欣伯格的著作《超传导》。这本小册子简明扼要地概括了当时关于超导的实验事实和结果，给他留下了深刻的印象。

在晶体管的研究告一段落之后，巴丁接到伊利诺伊大学物理教研室弗里德里克·蔡司教授的邀请，要他就任大学的教授。巴丁早就向往自由地搞研究，于是欣然接受聘请，于 1951 年从贝尔电话研究所退职，迁居到位于伊利诺伊大平原中央的那座幽静的学术城——阿伯那。巴丁是物理学兼电气工程教授。为什么巴丁教授兼任物理和电气两个学科的教授呢？这是大学当局处心积虑想出来的一种办法。这样可不使他的年薪低于他在贝尔研究所时的水平。在除了大学和玉米集散地就是农田的阿伯那，巴丁再次安下心来从事他的超导研究。

1955 年，巴丁教授在理论上对这些研究成果作了总结。他感到已经看到揭开超导之谜这个问题的起点和终点了。他认为只要从电子在晶格间的相互作用出发，到达电子在动量空间的凝聚就可以解释这一现象。于是，巴丁教授在这年秋天对在物理学教研室研究粒子理论、

精通多体问题的利昂·库珀和在电气工程教研室当研究生的罗伯特·施里弗说："我觉得揭示超导现象的机制已有些眉目，你们两位肯合作吗？"

对于因发明晶体管而名声显赫的巴丁教授提出的合作要求，这两人当然不会表示异议。于是，以巴丁教授为核心，三个人分工合作，或独立思考，或在一起讨论，刻苦钻研了一年有余，终于在1957年1月底摸出迷阵而看到了终点。由于终于揭开了多年来最大的一个谜，BCS理论获得了专家们发自内心的赞许。

这里顺便介绍一下超导的原因：在金属内运动的电子打乱了金属原子的排列顺序；这种紊乱又起了吸引另外电子的作用，在这种情况下，本来因自己带负电荷而不能相互靠近的电子却互感有了引力。换言之，它与普通的金属的不同之点在于电子不是进行单个的运动，至少有百分之几十的电子必定结成对，形成一种集团运动，物理学界称这种电子的组合叫做"库珀对"。

对于一般人讲"形成库珀对就会产生超导现象"，好似说"一刮风木匠就可以赚钱"。实际上 BCS 理论不仅圆满地解释了过去超导方面的经验，更重要的是使专家清楚的看到了过去只能凭想象去猜度的超导的本来面目。它的本来面目采取了一种形式，这就是要使库珀对分离成单个电子，就必须与成为超导体的临界温度 Tc 的高低成正比，出现2倍的能量▲，写成关系式即为▲（0）＝1.76KTc。

若用图表示这个关系式，就是金属一变成超导状态，电子的能量就会设置像那样的禁区。在术语中，这个禁区2▲叫做"超导体的能级距离（或禁带宽度）"。BCS理论预言，若以在临界温度7.2度时

变成超导状态的铅为绝对零度，那么根据式（1）它的能级距离就是
2．2毫电子伏。对于许多实验家来说，这种定量性的预言确实是切中
要害的。为了检验理论的完备性，进一步加深对超导现象的理解，这
就成为实验家们的重大课题。

无名小卒一鸣惊人

　　"隧道效应"的这道难题由一个非常偶然的机会让一个刚进美国
通用电气公司研究所当研究助手的伊瓦尔·杰维尔解开了。杰维尔
1952年毕业后移居加拿大，并进入位于安大略湖北岸的彼得伯勒的通
用电气公司分公司。在大企业中，新职工进来之后，不久就会被召到
总公司去，接受一定期限的进修教育。1956年，杰维尔被召到总
公司。

　　在进修期间，他在研究所接受了为期6个月的应用研究方面的实
习训练，因而对研究所产生了不同寻常的感情。他甚至希望也能把自
己分配到研究所去。幸运的是，他如愿以偿了。1958年，他被分配距
总公司很近、建在莫霍克河畔的研究所，职务是在一个研究薄膜的研
究室里当助手。他就这样开始在带有博士头衔的研究员手下帮助做事
情。不久，他的上司、研究员约翰·费夏博士吩咐他测定铝表面结的

一层薄膜——氧化膜的电气性质。不仅是杰维尔本人，就连他的上司及其他的研究员做梦也没有想到，这竟然能导致他解开前面说的那道难题。

众所周知，铝的表面接触空气后，就氧化形成一层极其牢固而又稳定的氧化膜，因此铝是不生锈的。这层氧化铝对电来说是一种绝缘体。膜越厚，在膜下的铝通电流也就越困难。杰维尔的工作是采用改变温度、改变氧化膜的厚度等各种方式，测定一种"三明治"型（在氧化覆膜之上蒸镀一层金属铝，金属铝之上再形成一层绝缘膜，然后又蒸镀一层金属）电子元件的电流电压特性。这是他的专业以外的科学技术领域。他决心尽快地弥补自己在基本知识方面的不足，他一边工作，一边到附近城市托罗伊的工学院重新学习高等物理。

铝冷却到绝对温度1.2度就变成了超导体。其他研究室的研究员每走过他的工作间，就多少带点冷嘲热讽地对他说："喂，为什么不再降低些温度测量？铝已经显示出超导性能啦？"杰维尔总是带答不理地回敬他们："你说的倒轻松，让我测的是氧化铝的绝缘电阻。本来电阻就很小的铝，即使变成超导体，电阻变成零，流经氧化膜的电流电压特性大概也不会改变。"

进入1960年，情况开始发生变化。杰维尔通过在工学院学习的课程了解到，根据BCS理论，超导体中有能级距离。当那些开玩笑的研究员再说什么"怎么你还在搞超导温度的实验？"时，杰维尔就流露出一种"到时候你就知道了"的神情。不久，他试探着询问他的上司费夏及同室的宾和哈里森两位研究员："如果在铝变成超导状态的温度下做实验，能级距离会不会产生影响呢？"三位研究员不约而同地

回答他："大概不会。算了吧，超导体的能级距离是流动的，多电子效应的结果可以设法用数式来表示。你说可以从图表中看出来，固定在晶格之中的半导体的能级距离，恐怕没有那么容易。不过，你可以抱着失败的决心试试看。"

正是最后一句话，使杰维尔下定了决心。杰维尔准备好铝—氧化铝—铅这种"三明治"型的材料，开始了实验。铝不冷却到1.2度就不显超导状态。然而铅在7.2度时就已显示超导性质。液态氦的沸点是4.2度。因此，只要把液氦倒入装有试料的保温瓶中，铅就应该出现BCS理论所说的能级距离。

实验进展顺利。在铅已充分呈超导状态、而铝尚未变成超导状态的温度下，试料的电流电压特性是，电压在不到一毫伏时，几乎不通电流；超过一毫伏后，电流急剧增加，在1.5毫伏以上的电压下，出现近似乎欧姆定律的电流值。这是通过实验而得到的确凿无疑的结果。既然实验进行到这种地步，那么定性地解释它的原因也就容易多了。这就是，铝一侧的电子要穿透氧化铝薄膜进入铅一侧，铅一侧若有禁带，就进不去，也可以认为就是不通电流。这一结果明确无误地告诉我们，铝的能量么是1.2毫电子伏。从这一实验中得到的铅的能级距离为2.4毫电子伏或2.5毫电子伏，这不正和BCS理论的预言相吻合吗？

1960年，杰维尔在《物理评论通讯》8月号上发表了自己的论文。《物理评论通讯》是美国物理学会出版的学会刊物，原则上以快报形式把那些特别重要的关于新理论、新实验的论文刊登出来。因此，把论文刊登在这个刊物上，对不见经传的研究人员来说，是一种莫大

的荣誉。人们没有想到竟然会用如此简单的实验方法测定超导体的能级距离，于是杰维尔名声大振，许多人竞相模仿他的做法。杰维尔接着又通过实验证实，在铝和铅都呈超导状态的温度下，由于穿过氧化膜的电子而产生的电流电压特性出现了动态的负电阻领域，结果就同时决定了这两种超导金属的能级距离。

杰维尔在实验的第二阶段发现的有负电阻的电流电压特性，同两年前（1958 年）日本的江崎玲于奈发明的半导体隧道二极管极为相似。这种叫做"隧道效应"的电子穿过极薄的绝缘层的现象一举引起了世界上许多专家的瞩目。巴丁教授对于自己推导出来的超导体的本来面目——能级距离被一个无名小卒所做的简单实验，采取一种意外地捷径的办法测定出来，感到异常惊讶，并感到满意。

提出约瑟夫森效应

现在让我们再回到 1961 年的剑桥大学蒙德研究所，研究生约瑟夫森师从皮帕德教授。皮帕德自己也是一个从理论和实验两个角度，双管齐下探索超导机理的专家。他对 BCS 理论和这一理论产生的前前后后了如指掌。由于 BCS 理论的确立和通过隧道效应验证能级距离获得成功，超导现象这个难题算是基本上解决了。皮帕德无疑感到失望和懊丧。谁都知道，在这种情况下，剩下的工作就只能是在理论上做出补充或者扩展了。皮帕德至少在前一年的下半年就觉得，应该从理论上解释引起人们注目的杰维尔的实验，即夹着绝缘层的两种超导体之间的隧道效应。实验中出现的电流电压特性的含义诚然是可以理解的，但是理应包含在理论式中的、凝聚在库珀对上的电子的状态密度，如何反映在从实验中得到的特性上呢？此外，也还必须弄清楚库珀对和一个个电子在界面是怎样互相转变的。

看来答案超不出杰维尔等人实验的范围。因此，把这个问题作为研究生在研究阶段的演习题，是再合适不过了。他曾把这个演习题交给一个女研究生去做。但这位女生认为这个问题太深奥，打了退堂鼓。这次，皮帕德又让约瑟夫森试试看。

约瑟夫森认为，既然是恩师皮帕德教授推荐的演习课题，只有尽力而为，做好了也有助于写好学位论文，于是便专心致志地啃起这颗苦果来。杰维尔的实验结果在他脑子里留有深刻的印象，而且不久前芝加哥大学的科恩、弗里科夫和菲利浦斯等人刊登在《物理评论通讯》上的论文对他制定应该采取的方针甚有参考价值。然而计算过程毕竟太麻烦。他小心翼翼地进行解析，可是计算结果仍是莫明其妙的，连他自己也无法解释。

"这大概是什么地方出了差错。"他反复计算、检验，以期发现漏洞或思路上的错误。但是自己的计算似乎并无差错。那么，问题到底发生在什么地方呢？约瑟夫森一度想找机会向皮帕德教授求教。不过，对于学生来说，教授办公室的门槛高如城头，真有点可望而不可及，更何况这位名声显赫的一流学者，日程总是排得满满的，东奔西跑，他哪里有时间坐下来耐心地同一个研究生谈话呢？想到这里，约瑟夫

森的心又凉了半截。

　　说也凑巧，正在这时，美国贝尔电话研究所的研究员菲利浦·安德森博士来到卡文迪许研究所。这对约瑟夫森来说，简直像救世主降临人间。在欧美国家有一种休假制度。这个制度规定，大学教授和大研究所的研究员每隔7年有一次为期一年的带薪假。在这个期间，他可以从日常的业务活动中彻底解脱出来，随心所欲，愿意到哪里去干什么，就到哪里去干什么。安德森博士是固体物理学方面的权威。他才华过人，不断接到各国的大学聘请任教授的聘书。

　　安德森博士希望在自己的休假期间到著名的剑桥大学卡文迪什研究所去，在有传统学风的研究所从事一年的研究。蒙德所长和皮帕德教授等人极为高兴，热烈欢迎这位年轻有为的研究员。他们立即作出答复，聘请安德森为客座教授，担任固体物理学理论小组的指导主任。勤奋好学的约瑟夫森无疑愿意听安德森博士开设的《固体物理与多体问题理论》的讲座。

　　对于约瑟夫森的问题，安德森总是用足够的时间，耐心地加以解答。就约瑟夫森来说，他切身体会到，无须小心翼翼地去叩门，就能够和这位客座教授随时随地轻松愉快地交谈，而不受任何打扰，实在是难得的良机。另一方面，对于约瑟夫森的好学精神，安德森博士也暗自吃惊。过了不久，约瑟夫森产生了一个念头，想详详细细地把自己在计算中遇到的无法解释的现象告诉安德森博士，并请他赐教。安德森博士一边看约瑟夫森带来的数据，一边仔细听约瑟夫森对事由所作的说明。最后他说："嗯，没有什么差错。"说罢，便望着最后一个式子陷入了沉思。

约瑟夫森所求的式子的含义是，首先，当电流通过夹在超导体之间的绝缘薄膜时，在达到某一电流值之前，绝缘层的两端不会产生电压，决定电流值的因子是两种超导体的库珀对的相位差，相位差的时间发生变化，而电流中包含着与电压成正比的高频成分。这都是些令人费解的理论，列成数学式就是：

（1）$J = J_{\circ} \underline{\sin >}$，$\dfrac{d >}{dt} = \dfrac{2e}{h} V$

在现代的量子力学中，用波的公式处理微粒已成为法则，因此而有波动力学之说。波有相位，但是通过实验测得的量是波的振辐，与相位无关。这已是人尽皆知的常识。如果是这样，那么约瑟夫森的这个公式不就无法令人理解了吗？最有说服力的证据是，尽管杰维尔的实验掀起了一股热潮，许多人争相仿效，却没有任何一个人谈及对约瑟夫森来说是有利的事实。实际上，就连安德森博士也没有从贝尔研究所的同事、进行过超导隧道效应元件实验的约翰·罗韦尔博士那里听说过类似约瑟夫森所谈的现象。

安德森博士毕竟不是普通人。他向一副困惑不解表情的约瑟夫森表示，将全面地给予支持。安德森说："你的理论肯定没有错。这也激起了我极大的兴趣，对于那些含糊不清的地方，让咱们一道认真探讨！"一天晚上，安德森博士把蒙德研究所的研究人员召集到一起，专门为约瑟夫森举行了一次约瑟夫森理论讨论会。他似乎期望这次讨论会能够对这一理论的一些尚不明白的地方提出建设性的意见。皮帕德教授也出席了这次讨论会。这位教授和全体与会者看了约瑟夫森列出的公式以后，对电流依赖于库珀对波动函数的相位都感到茫然不

解。而且为之大伤脑筋。约瑟夫森所介绍的内容是前所未闻的，人们一时摸不着头脑，也不足为奇。皮帕德教授虽然基本上承认门生的研究成果是预言了一种效应，但又怀疑："这一理论果真名副其实，表述了一种前人没有经验过的现象吗？"

1962 年对约瑟夫森来说是一个最值得纪念的年头，因为他得到了严师皮帕德教授的许可，把自己的理论简洁地概括出来，发表在学术杂志上。如果想让约瑟夫森的论文引起瞩目和最大的反响，最好是把它送给非惊人之作不予发表的《物理评论通讯》杂志。可是，同皮帕德教授商量的结果，约瑟夫森没有向《物理评论通讯》投稿，而是把稿件寄给了一家刚刚创刊、尚未得到世界公认的学术快报性质的刊物《物理通讯》。这篇历史性的论文 6 月 8 日被《物理通讯》受理，刊登在该刊第一卷第七号（7 月 1 日发行）上。在论文的结尾，约瑟夫森郑重其事地向安德森博士致谢。论文的标题是《一种可能存在的新的超导隧道效应》。

通过实验证明，约瑟夫森效应成果最后被 ADL 公司的悉多尼·夏皮罗所得，时间是在 1963 年初夏。夏皮罗就是 3 年前紧跟在杰维尔后面进行隧道效应实验的 ADL 公司研究小组的成员之一。夏皮罗在这次实验中，用 9 兆赫或者 25 兆赫的微波从外部照射罗韦尔使用的那些试料，并逐渐增加试料的电流。这时他发现，出现了呈阶梯状的电流电压特性。根据约瑟夫森的预言，加在氧化薄膜上的电压每 10 微伏必然会发生频率为 4.836 兆赫的高频电流。因此，约瑟夫森高频电流的频率在与外部施加的微波的频率一致的电压，及成为微波频率的整数倍的电压处发生同步作用，直流电流就呈阶梯状增加——这就是对夏皮罗的实验结果的稳妥的解释。

约瑟夫森效应的用途

  约瑟夫森效应立即受到全世界的科学家的垂青，关于约瑟夫森效应的论文很快被传开。紧接着出现了企图利用虽然小得微不足道，但却有着想象不到的功能的超导元件研究的尝试。首先是超精密地、最可靠地决定物理学的基本常数 e/n。这是约瑟夫森自己早就建议的。这是因为，正如他预言的电压和频率的关系式即前面的（1）式中所表示的那样，即得出：f ＝ （2e/h）V 不受超导材料和元件的形式的任何影响。频率 f 是所有的物理量中能够最精密地测量的一个量，美国宾夕法尼亚大学的研究人员用美国国立标准局保管的标准电池，于 1966 年首先进行了测量。此后，各国都步它的后尘，1970 年精度达到了：

  2e/h — 483．59384 ±0．00010MH2/μV

  各国所得数值的差在百万分之一以下。过去，各国为维持电压标准，每 3 年要把所保管的标准电池拿到设在法国的国际度量衡局去和那里的标准电池校正。国际度量衡局的电压标准保不住也会发生偏差，而且把贵重的标准电池运来运去，也决不是件轻松的差事。如果

基本常数精确到上述那种程度，那么各个国家都可以知道标准电池在某年某月某时的频率应该是多少赫，而不必专程到法国去"朝圣"。实际上，从1976年起，各国就开始按这一方式做了。因此，约瑟夫森效应的发现是难能可贵的。

约瑟夫森效应的第二个用途是利用元件虽弱但能发出与偏压成正比的频率的振荡器。它的频率范围从音频到亚毫米波，能具有这样高超本领的元件只能说是前所未有的。当然输出功率太微弱，难以在电力上加以利用。不过正像夏皮罗所证明的那样，信号从外部进入后，电流电压特性就会发生微妙的变化，它可以作为微波和亚毫米波的灵敏的检知器、调制器、频率变换器或者分光器，发挥极大的威力。这一用途首先是贝尔电话研究所在1966年前后开拓的，现在已成为微波技术的新手段。

第三个用途是发展被称为SQUID的超高灵敏度电磁测定元件，在词典里，SQUID是"如何"的意思。在技术上当然不是"如何"，而是"超导量子干涉器件"的缩写。光由于相位的参差不齐而产生干涉，因此有明暗之分。约瑟夫森电流也因相位的干涉而增减。美国福特汽车公司科学研究所的基础研究小组巧妙地利用这种干涉，制成了超高灵敏度的磁力计。其构造是使用两个超导环形管，改良型的磁力计则采取了组装一个约瑟夫森元件的形式。它可以检测十亿分之一高斯的磁通密度。

利用约瑟夫森效应的第四种用途就是开发大型电子计算机的存储器。在室温条件下工作的存储器有很多种类，因此乍一听用来制造存储器并没有什么稀奇。其实用微弱的输入功率使约瑟夫森效应的电流

电压特性处于开或关的状态，作为存储元件，能够发挥非常优异的功能。或许有人担心，在电子计算机迎来黄金时代的今天，采用需要极低温状态的超导存储元件是否有利。据推算，如果是超大型电子计算机，使用约瑟夫森元件可以缩小体积，节省电力。因此，约瑟夫森元件作为未来信息化时代的主角已占据主要的候补位置。

◎ 霍 金

霍金（1942—），英国物理
学家、数学家。1942年1月8日
在英国牛津出生，先后毕业于牛
津大学和剑桥大学三一学院，并
获剑桥大学哲学博士学位。英国
剑桥大学应用数学及理论物理学
系教授，英国皇家学会会员，当
代最重要的广义相对论和宇宙论
家，被称为在世的最伟大的科学
家，还被称为"宇宙之王"。因
患"渐冻症"在轮椅上生活达

霍 金

40年之久，却身残志不残，成为国际物理界的超新星。

20世纪70年代，霍金与彭罗斯证明了著名的奇性定理，共同获
得了1988年的沃尔夫物理奖。霍金被誉为继爱因斯坦之后世界上最著
名的科学思想家和最杰出的理论物理学家。他还证明了黑洞的面积定
理，即随着时间的增加黑洞的面积不减。1973年，霍金发现黑洞会像
黑体一样发出辐射，其辐射的温度和黑洞质量成反比，这样黑洞就会

因为辐射而慢慢变小，而温度却越变越高，最后以爆炸而告终。黑洞辐射的发现将引力、量子力学和统计力学统一在一起。

　　1974年以后，霍金的研究转向量子引力论。他证明了黑洞和大爆炸奇点的不可避免性，黑洞越变越大。1988年，霍金出版《时间简史》，获沃尔夫基金奖，成为关于量子物理学与相对论最畅销的书。2004年7月，霍金修正了自己原来的"黑洞悖论"，认为信息应该守恒。

　　霍金的代表作主要有《时间简史续编》、《霍金讲演录——黑洞、婴儿宇宙及其他》、《时空本性》、《未来的魅力》、《果壳中的宇宙》、《时间简史——从大爆炸到黑洞》等。

轮椅上的物理学家

　　霍金，英国理论物理学家，在相对论和量子力学二者的基础上，提出了爆炸黑洞的理论，还研究过时空的奇异性。他从圣奥尔本斯学校毕业后，在牛津大学学院和剑桥大学三一学院学习数学和物理学，在牛津曾被选为冈维尔和凯厄斯学院的研究员。20世纪60年代初期，霍金患上肌萎缩性脊髓侧索硬化症，这是一种不治的退化性神经肌疾病。尽管疾病使他日益行动困难，但他仍坚持工作。

　　霍金的主要研究领域是广义相对论，特别是黑洞的物理学。他在

1971 年提出：在宇宙大爆炸之后，形成了为数众多的含有重达 10 亿吨的物质而仅占一个质子空间的物体，称为微型黑洞。这些物体的独特之处在于，它们的质量和引力巨大，应服从相对论的诸定律；同时，它们的体积极微小，又应服从量子力学的诸种定律。1974 年，霍金提出，根据量子论的预测，黑洞在不断发射亚原子粒子，直至耗尽其能量而最终爆炸。过去曾认为，有关黑洞的一切都是不可知的，而霍金的工作则大大激励了人们努力从理论上勾画出黑洞的性能。他的工作的重要性还在于，它展示了这些性能与热力学和量子力学的关系。

霍金是一位半身瘫痪的科学奇才，他把整个宇宙都记在脑子里了。他以惊人的毅力坚持学习和研究，并且能够几十年如一日地与病魔相抗争，从而赢得了世人的尊重。长期的磨炼，使霍金获得超乎正常人的记忆力。每当他头脑里新的闪光的思想泉水般涌流时，尽管他不能像健康人那样用笔写下来，但他能凭记忆牢牢捕捉住它，然后用最精辟的话表达出来，甚至连最复杂艰深的数学推导，他都记得一清二楚。在一次学术会议上，一位科学家看着他说出来的一黑板像乐谱似的数学推导公式，异常惊叹地说："神奇的霍金真像大作曲家莫扎特创作一整部交响乐一样，把整个宇宙都记在脑子里了！"

早在 8 岁时，已经疾病缠身、行走很不便的霍金，就立下了攀登科学高峰的宏志。在上中学时，他对物理学有特殊的兴趣，觉得它是科学中最基本、最有趣、最艰深的学科。中学一毕业，他决心献身于物理学的研究。开始他想搞实验。但有一年暑假，他去格林尼治天文台实习，站在高台上看了半天望远镜，只是看到一些模模糊糊的光斑，就改变了想法。他感叹地说："唉，看来我不是做实验物理学家的材料。还是钻我的理论物理吧！"

著名的黑洞理论

　　霍金主要从事广义相对论特别是黑洞理论研究。他不同意爱因斯坦广义相对论对引力的处理，因为"它用纯经典的方法处理引力场，而其他可观察场几乎都已量子化了"。他在和埃利斯合著的《大尺度空时结构》一文中指出，爱因斯坦理论不可避免地导致某种无法适当描述的奇异点的存在。他们提出了两种奇异点：一是恒星塌缩形成的黑洞，二是宇宙膨胀的开端。霍金也因此成了量子引力理论研究的带头人之一。这些理论尽管已取得了一些进展，但都还存在着一些明显的不足之处，至今尚未得到普遍的承认。

　　霍金对黑洞理论的研究最为成功，他提出了一些著名的概念。霍金指出在其他情况下也可能生成黑洞，可能有"许多极小的黑洞散布在宇宙各处，它们并非由恒星塌缩形成，而是由高度压缩的区域塌缩而成。据信这种区域在开创宇宙的'大爆炸'之后不久的一段时间内存在过"。这种"微型黑洞"可能重达10亿吨，而其半径也许不大于一个质子的半径。

　　1974年，霍金取得了最激动人心的成果，这一结果连他自己都感到有点难以置信。他发现黑洞并不"黑"，而是以稳定的速率向外发

射粒子。霍金从数学上反复证实了这个结果，还提出了一个能产生这一效应的物理学上的量子过程。量子力学认为空间充满着"虚的"粒子，这种粒子不能被观察到但却确实存在着，它们是一种一起产生、然后相互分离、又重新结合而相互湮灭的正反粒子对。如果这种粒子对中的一个粒子被吸进了黑洞，留下另一个粒子无法湮灭，那么"这个被遗弃的粒子或反粒子可能也会随着它的伙伴落进黑洞，但也有可能逃到无穷远处，这后一种情况看起来就好像是黑洞发出的辐射一样"。如果这还不够清楚，他还从另一角度提出了一种解释，即把其中一个粒子看作是在时间坐标中作反向运动。有了这些结论之后，霍金和他的同事们就可以将黑洞物理学与热力学定律联系起来。

从20世纪60年代初起，霍金一直患着渐进型的神经疾病，可以说这一疾病在很大程度上影响了他在学术上的成就。疾病将他困在轮椅上，妨碍了他以直接简便的方式从事写作和计算。他的大部分工作，包括复杂的运算、艰难的数学证明以及新物理概念的产生都纯粹是在他的大脑中完成的。

身残语塞的霍金才思横溢，在研究黑洞时不落俗套，敢于冲刺，独辟蹊径。当时许多人认为，黑洞是处于死亡阶段的恒星，那里的引力大得使任何物质，甚至连速度为 3×10^8 米/秒的光子都被吸引住而跑不出来，因而人们无法直接观测到它的存在。霍金一反这个传统看法，巧妙地把广义相对论、量子力学和热力学结合起来，创造性地提出：在宇宙大爆炸后，可能形成数以万计的微小黑洞，它们把成10亿吨的物质密集于一个质子大小的空间内。他宣布，根据量子论所言，这种黑洞实际上能不断产生物质，放出亚原子粒子，并在最后能量耗尽时发生爆炸。由此，他建立了著名的微型黑洞爆炸理论。

在建立这一构思宏伟、见地独到的新理论时，霍金经常茶饭不思，连女儿出世也无暇过问。他身在轮椅里，思想却无时无刻不在广袤无限的宇宙中驰骋。他深有感触地说："科学家永远不容许有一时一刻干瞪眼、瞎发呆。因为在理论和实验已有一定认识的基础上，突破性的创见往往得自心血来潮。"

霍金的微型黑洞爆炸理论，对黑洞物理学的发展起了重大的推动作用。它的发表，立即轰动了科学界，霍金随之名声大振，被公认为当代最杰出的理论物理学家之一。在霍金获得爱因斯坦奖金以后，他的老师、著名物理学家西雅玛无限深情地赞扬说："像霍金这种突破性发展，在物理学历史上极其罕见。他是闪烁于天空的明星，而以其残疾之身完成此等宏伟成绩，尤其令人钦佩！"

迈可·丘吉尔在《史蒂芬·霍金非比寻常》一书中评论道："我到这一刻才首次意识到，他是与众不同的，不仅是智慧、聪明、杰出、富有创见的，而且是非比寻常的。他无比自傲，如果这么讲也可以，一种知悉整个世界的自傲。"基伯·索恩在《史蒂芬·霍金具有极强的研究能力和坦然的人生态度》一书中说道："史蒂芬也许是唯一的强有力的具有这种本领的人，他比其他任何人都要快得多地进入这一切。他掌握了技巧，开始应用它们，并且如此迅速地出发，任何其他人都望尘莫及。"这些评价说明，霍金确实是科学史上罕见的科学奇才。

霍金认为，新世纪中不会出现人类发展和知识创新的"极限"。他还指出，虽然未来100年、甚至200年中，人类有可能发现有关宇

宙根本规律的完整理论，也就是说可能诞生将量子论与广义相对论统一的理论，但人类根据这些理论所能建造的生物系统或电子系统，其复杂性将"没有限度"。霍金说，虽然他并不提倡人体基因工程，但未来1000年中有可能做到对人体DNA进行彻底的重新设计，面对这一可能出现的前景，人类必须及早考虑如何采取对策。

霍金还指出，目前电脑在运算速度上具有优势，但却没有多少智能，连并不聪明的蚯蚓的大脑都不如。但他认为，随着电脑的速度和复杂性每18个月翻一番，电脑最终有可能变得与人脑差不多复杂；未来电脑所具有的智能，甚至有可能帮助其设计出比自身更聪明、更复杂的新电脑。年近花甲的霍金目前为英国剑桥大学应用数学和理论物理系教授，他因患运动神经元疾病，多年来行动不能自如，只能依靠轮椅上的语音合成电脑表达自己的思想。